简单易学的基金投资

给普通投资者的基金实战指南

杨天南　孙振曦　贾泽亮　等著

浙江大学出版社
ZHEJIANG UNIVERSITY PRESS

图书在版编目(CIP)数据

简单易学的基金投资 / 杨天南，孙振曦，贾泽亮等著. —杭州：浙江大学出版社，2022.1
ISBN 978-7-308-21883-2

Ⅰ.①简… Ⅱ.①杨… ②孙… ③贾… Ⅲ.①基金—投资—基本知识 Ⅳ.①F830.59

中国版本图书馆CIP数据核字(2021)第215672号

简单易学的基金投资

杨天南 孙振曦 贾泽亮 等著

策　　划	杭州蓝狮子文化创意股份有限公司
责任编辑	顾　翔
责任校对	张一弛
封面设计	邵一峰
出版发行	浙江大学出版社
	（杭州市天目山路148号　邮政编码310007）
	（网址：http://www.zjupress.com）
排　　版	杭州青翊图文设计有限公司
印　　刷	杭州钱江彩色印务有限公司
开　　本	710mm×1000mm　1/16
印　　张	15.75
字　　数	202千
版 印 次	2022年1月第1版　2022年1月第1次印刷
书　　号	ISBN 978-7-308-21883-2
定　　价	62.00元

版权所有　翻印必究　　印装差错　负责调换

浙江大学出版社市场运营中心联系方式：0571-88925591；http://zjdxcbs.tmall.com

序一  基金投资鲜为人知的好处

基金投资到底是为了什么？这个问题看似奇怪，但实际上决定了投资基金的底层逻辑。把基金投资的目标想清楚了，"道"这个层面的问题也就解决了，那么由"道"到"术"可以形成所谓的降维打击，很多细枝末节的问题就会水到渠成地解决了。

基金投资，用俗话说是为了赚钱，不赚钱投资干吗？总不至于说投资就是为了亏钱，为了买经验吧？如今，我在投资行业近30年，就所见而言，很多投资成功、赚了很多钱的人，并不太懂投资。巴菲特身边就有这样的例子：投资成功的人要远远多于成功的投资人。

一般而言，人们从小被教育，学习知识是件好事；但到了四十不惑、五十知天命的年龄，我可以很确定地告诉大家，一生短暂、生命有限，有些知识一辈子不用学习。因为社会有分工，每个人能把分内

的事情做好就已经非常好了，不必求全责备，不必面面俱到。

基金投资、股票投资也一样，普通人固然可以事必躬亲，但也可以选择不必亲力亲为。所以投资成功有两条道路：第一条道路是自己成为像巴菲特那样的人；第二条道路是找到像巴菲特那样的人。

大家投资股市，说到底是为了赚钱，但市场复杂，人心莫测，赚钱是很难的。资深一点的股民应该记得上证指数从2001年的2000点出头，跌到2005年的998点，5年不到的时间指数被腰斩。很多人忍一年跌，忍两年跌，再忍还跌，在大牛市来之前，忍到忍无可忍，割肉离场，之后2006—2007年大牛市来了，但与你无关。那时候有一篇很著名的文章，叫《倒在大牛市的门槛之上》，说的就是这个情况。总之，投资赚钱是很难的。

但实际上除了赚钱之外，大家还有很多其他的生活目标：孩子的学习、父母的身体、自己的健康、家庭的幸福。所以成功的基金投资，说白了就是实现"术业有专攻"，普通人找到合适的合作伙伴，也就是合适的基金经理，取得应有的投资回报，同时将所谓"研究个股、分析大盘"的时间和精力省下来，过好自己的日子，做好自己的工作。这就是基金投资的社会意义所在。

想多赚钱至少可以从两个方向努力。一个方向叫提高投资收益率，例如从3％提高到10％。但是收益率有天花板，巴菲特也就20％，而全世界穿越周期能够超过巴菲特的没有几个人。也就是说，投资收益率到达天花板后，再提高就很难了。

那么，还能不能再多赚点钱？答案是能！因为还有另外一个方向可以努力，那就是多攒本金。同样是20％的收益率：一个投资10万元，能赚2万元；另一个投资1000万元，可以赚200万元。二者的投资水平实际上是一样的，唯一的差别就是本金的规模大小。

所以绝大多数人作为普通人，应该在积累本金规模这个方向上多做点努力。怎么才能在这个方向多做努力？答案是成为德才兼备的人，做喜欢又擅长的事，这样会取得更大的成就。

此外，活得久也很重要，例如巴菲特今年91岁，芒格97岁，都快100岁了。反观我们身边的例子，金融业竞争压力比较大，每年都有人猝死，猝死者以四五十岁为主，30多岁的也有，非常可惜。

向巴菲特、芒格这样伟大的人学习，不光是学习他们多赚钱，还要学习他们修身克己。每个人把自己的事情安排好了，对自己、家人、单位、社会都有贡献，社会也就更和谐了。形成财务上的良性循环，进而形成生活、事业、人生的良性循环，这才是我们基金投资最终的目标。

每一个内心渴望美好生活、追求进步的人，终将明白"过好这一生"的命题，不仅仅是多赚钱，还包括贡献社会。这就是基金投资鲜为人知的好处！

——杨天南　北京金石致远投资管理有限公司CEO

序二 基金投资面临哪三大难题？

先和大家分享一段本人的真实经历。2020年年初开始的新冠肺炎疫情，完全出乎所有人的意料，让世界各国政府都措手不及。受此影响，全球资本市场也发生了很大波动。而我管理的投资境外市场的基金，自然也无法幸免。

2020年年初，我管理的基金表现还不错，截至2020年2月底上涨4%左右。但是从3月开始，全球股市急转直下，因此该投资组合也开始大幅度回撤。在短短3个星期内，投资组合的回撤幅度高达20%左右。当然，接下来基金的反弹速度也挺快。截至2020年6月初，基金已经回到盈亏平衡点。回顾这段大跌然后大涨的V形走势，我感慨良多。

有一位张先生，是我管理的基金的投资者之一。2020年3月中旬，当投资组合回撤12%左右时，我和张先生有过一次长聊，并达成共识：作为长期投资者，不应该被短期的波动影响。当时市场处于下跌状态，但是什么时候止跌回升，谁也说不准。由于一开始张先生的投资规划时间是20年以上，因此他非常淡定，还反过来安慰我说他根本不担心市场的下跌，甚至告诉我他正在考虑加仓。没想到只过了一个星期，在市场继续下跌导致投资组合回撤到20%左右时，张先生又打电话给我，告诉我他这两天非常紧张，晚上睡不好觉。他感觉所有人都严重低估了新冠肺炎疫情的严重性，特别是美国，疫情影响将十分严重。他无法再坚持持有投资，决定全额赎回。我告诉这位张先生："我尊重你的投资决定。我们的投资组合流动性很好，随时都可以赎回。但是我需要提醒你的是，现在卖出是一个错误的决定，希望你慎重考虑。"张先生说他已经考虑好了。他对市场非常悲观，感觉后面还有很大的下跌空间。因此，我们帮助他完成了赎回手续。从事后来看，张先生在最错误的时点选择卖出，蒙受了重大损失。2020年9月底，我管理的基金上涨到11%左右，如果张先生当时听从劝告，没有选择卖出的话，不仅不会蒙受损失，还会有赢利。

　　这段真实经历，让我思考良多。我相信像张先生这样的情况绝非个例，很多投资者一定都经历过类似的情况。很多时候，一开始定的计划相当完美，但是真的到了市场上，刺刀见红，看到自己的投资大幅度浮亏时，往往就坚持不住了，把一开始定的计划完全抛到了窗外，开始由着性子做临场反应，往往做出让自己后悔的决定。这让我觉得，非常有必要先为大家总结一下投资者普遍遇到的一些难题，让大家一开始就树立一个正确理性的投资态度。

　　具体来讲，我认为投资者主要面临三大难题：资产配置、基金选择和交易择时。接下来我为大家稍微展开分析一下。

第一个问题:应该花多少钱买基金?我们知道,在现实中,我们可能需要花很多时间和精力,精挑细选,再加上一定的运气,才可能选中一只表现不错的基金。但问题在于,即使选中了一只好基金,也无法解决我们的投资理财需求。假设你有30万元的可投资资金,你会有足够的胆量用30万元买入一只或者两只基金吗?大部分人,都会在有意或者无意中遵从多元分散的投资原则,即把资金分散在定存、理财、基金和股票中。那么问题来了:我应该分配多少资金在基金里?购买什么样的基金?为什么要进行这样的分配?分配好以后如何调整?这些问题,本质上是一个资产配置问题。其实每个人无论有没有做出投资决策、是否购买基金,他都在有意或者无意地做一个资产配置的决定。比如你把所有钱放在银行里,什么都不买,也是一种资产配置决策。在本书中,我会告诉大家如何科学地考虑这个问题,为自己设置最合理的配置比例。

第二个问题:我买的基金好不好?举个例子来说,某只基金在2017年上涨了20%。这个业绩算好还是不好?答案是,这需要看该基金的投资范围和比较基准。如果它对标A股的股票基金,而当年沪深300指数上涨了21%,那么哪怕这只基金净值上涨了20%,也不见得好。这个问题本质上是一个基金选择问题。这就涉及基金投资中一对很重要的概念:阿尔法和贝塔。阿尔法和贝塔,是我们对基金经理的投资能力进行测评的重要指标。在这里,我们可以把贝塔简单地理解为股市大盘的涨跌,而阿尔法则是基金的实际回报和股市大盘回报之间的差值。如果基金的回报比大盘更好,那么阿尔法就是正的,或者说基金经理是有投资技能的。反过来,如果基金的回报不如大盘,那么阿尔法就是负的。作为基民,我们应该试图去发现并购买那些阿尔法为正的基金,避免那些阿尔法为负的基金。在本书中,我会就这个话题做进一步展开。

第三个问题：什么时候卖？如何做科学决策，在合适的时点买卖基金，其中大有学问。这个问题，本质上是一个投资的择时问题。从逻辑上来讲，买入和卖出是同一面镜子的两面，决定买入和卖出决策的因素应该是对称的。说白了，买入的原因，是看好基金未来的走向，即其净值会上涨。而如果我们看跌一只基金，觉得它的净值未来会下跌，那么就应该赎回该基金。

但是在现实中，情况要复杂得多。首先，绝大部分投资者没有预测未来的能力。就像前文提到的张先生，他的逻辑是新冠肺炎疫情导致城市封锁、公司倒闭、经济萧条、员工失业，所有这些因素都是负面的，应该会把股市拉低，所以他看空股市，选择卖出。但事实上，哪怕是新冠肺炎疫情相当严重的美国，其股市在2020年的前10个月，还是上涨了6%左右。也就是说，股市的走向，并不是一个简单的线性关系，而是比大多数人想象的复杂得多，甚至经常反其道而行之。在这种情况下，作为投资者如何决定自己什么时候加仓，什么时候赎回？

其次，判断一只基金的买入和卖出时机，要比判断股市的走向更复杂。这是因为，最后基民拿到手的基金回报，有两个重要的组成部分。第一是市场平均回报，就是上面提到的贝塔。绝大部分公募股票基金，其回报特点和股市相关度很高，当股市上涨，股票基金大概率也会上涨，反之亦然。因此，我们需要做的第一个判断，就是接下来股市大盘会涨还是跌。第二是基金经理自身的投资水平，也就是上面提到的阿尔法。有时候市场涨得不错，但是基金经理能力有限，阿尔法为负，那么对于基金投资者来说，就会吃基金经理能力不佳的亏。比如有一只投资A股的大数据基金，当沪深300指数上涨21.8%时，该基金净值下跌12%。这个时候投资者就会有疑问：为什么大盘上涨,基金反而下跌?是因为市场环境不好,还是基金策略不行?如果是基金策略不行,那么这种情况是暂时的,还是会持续下去?

对于任何一个个人投资者来说,要想回答这些问题,都是非常难的。因为我们不可能知道基金经理为什么会进行这样或者那样的操作。像大数据、量化因子这样的投资策略,大部分基民也不可能搞懂其背后的投资原理。于是大家只能基于基金的净值去瞎猜。如果净值上升了,就猜测基金的投资策略管用了;而如果净值下跌了,就估摸基金的投资策略不管用。这种基于瞎猜来决定基金买卖时机的方法,其实和扔硬币做决定没太大区别。本书会教大家如何借助科学的逻辑,来理性思考这些难题,并提出具体的解决方案。

在这篇序言中,我主要和大家讲了基民们可能遇到的三大难题,那就是资产配置、基金选择和交易择时。希望正在阅读本书的你,在看完本书之后,能建立起一套理性的投资哲学,运用科学的投资方法,游刃有余地应对上面提到的这些问题。

——伍治坚　新加坡五福资本管理有限公司创始人、CEO

目录 CONTENTS

第1章 认识基金 ······ 001

第一节 中国散户为什么不赚钱？ ······ 003

第二节 区分基金的类型 ······ 010

第三节 以支付宝为例，教你如何查看基金信息 ······ 016

第四节 怎么看基金招募说明书？ ······ 020

第2章 详解常见的基金 ······ 025

第一节 可以替代活期存款的货币基金 ······ 027

第二节 与市场利率变动密切相关的债券基金 ······ 034

第三节 风险高收益大的股票基金和混合基金 ······ 040

第四节 跟踪指数涨跌的指数基金 ······ 045

第五节 投资境外市场的QDII基金 ······ 052

第3章 挑选基金 ········ 059

- 第一节 挑选基金的一般原则 ········ 061
- 第二节 如何快速筛选好基金？ ········ 063
- 第三节 四大指标,手把手教你筛选指数基金 ········ 068
- 第四节 如何用业绩基准去判断主动型基金？ ········ 075
- 第五节 用晨星投资风格箱,剔除风格漂移的基金 ········ 080
- 第六节 别小看基金费率,它也许是你唯一掌握主动权的地方 ········ 088

第4章 构建你的基金投资组合 ········ 095

- 第一节 深入剖析资产类别 ········ 097
- 第二节 明确自己的风险偏好 ········ 103
- 第三节 主动型基金和被动型基金相结合,建立投资组合 ········ 108
- 第四节 成功避开2015年股灾的投资组合 ········ 118

第5章 基金定投:基金新手最佳起手任务 ········ 125

- 第一节 定投的基本原理 ········ 127
- 第二节 定投的适用人群和约束条件 ········ 130
- 第三节 定投应该从什么时候开始？ ········ 133
- 第四节 为什么定投的卖出时机如此重要？ ········ 138
- 第五节 选择定投卖出时机的四种方法 ········ 142
- 第六节 基金定投的六大原则 ········ 148

第6章　参与境外资本市场的投资 　　153

第一节　为什么我们需要投资境外市场？ 　　155
第二节　了解境外基金第一步：认识境外市场 　　161
第三节　如何选择适合自己的投资市场？ 　　166
第四节　丰富的境外指数基金 　　171
第五节　实战练习：认识境外基金 　　177
第六节　如何开设境外基金投资账户？ 　　184
第七节　基金定投，境外玩得转吗？ 　　188
第八节　搭建适合自己的境外基金组合 　　191

第7章　基金投资中需要特别注意的问题 　　195

第一节　了解你所持有的基金和基金经理 　　197
第二节　如何正确评估风险和波动的关系？ 　　201
第三节　如何建立合理的投资预期回报？ 　　206
第四节　如何应对基金投资中的四大常见错误？ 　　211
第五节　在基金投资中，如何解决择时难题？ 　　219
第六节　如何衡量管理人的真实水平？ 　　225
第七节　基金投资中的融资使用问题 　　230

第1章

认识基金

以最简单的话语表达，基金就是大家一起把钱交给专家，让专家来帮大家投资。我们需要了解的是，专家会把钱拿去买哪些资产，包括股票、债券、现金等。根据这几类资产比重的不同，基金会分成股票基金、债券基金、混合基金、货币基金等类型。此外，不同的基金类型，甚至同一类基金内部，也有不同的投资风格，有的激进，有的稳健。因此，投资基金，也就是在把钱交给别人的时候，我们需要先对这些情况有所了解。

第一节
中国散户为什么不赚钱？

| 文　孙振曦

在正式分享基金投资的经验和策略之前，我要稍微展开讲一讲的是，中国绝大部分个人投资者也就是散户，在金融资产投资尤其是股市上，其实是不赚钱的。这里需要特别强调的是，大部分人不赚钱，不代表整个市场不赚钱。这中间有一个巨大的误会，就是大家认为中国的股市基本上常年不涨，而中国的楼市常年非常快地往上涨。

中国股市的主要综合指数是上证指数，但上证指数其实不能完全体现中国上市公司股价的整体上涨程度。具体大家可以百度或者知乎搜索"上证指数＋失真"等关键词，已经有非常多的科普内容。简单说，主要是因为石油、银行等行业的少数大蓝筹股票在整个指数编排中占据的权重过高，而这些股票在过去很多年里涨得并不多，导致看上去指数整体上表现不好；而实际上，很多新兴产业的股票、中等规模的股票，在过去这些年里，涨幅是非常好的。排除指数失真的情况,拉到10年或者20年的长度去看,中国股市的年均涨幅其实并不差,比如代表小股票的创业板涨了1倍,代表超大型股票的上证50指数涨了84%(见表1-1)。

表1-1 中国股市不同指数涨跌情况(2010—2020年)

指数	代表股票类型	2010年年底点位	2020年年底点位	涨幅
上证指数	全市场股票	2808.08	3473.07	24%
上证50指数	超大型股票	1977.37	3640.64	84%
沪深300指数	大型股票	3128.26	5083.10	62%
中证500指数	中小型股票	4936.72	6367.11	29%
创业板指数	小型股票	1137.66	2969.75	161%
中石油(复权)	权重过高股票	8.51	4.08	−52%

为什么大部分的人认为在中国炒股不赚钱,至少远远比不上买房子呢?

第一是因为买房自带杠杆,放大了财富效应。在国内买房,可以以三成首付按揭贷款,相当于附带了2.33倍杠杆[①]。即使是在限购限贷的政策下,在不同城市购买二套房,大多也只需要五至七成首付。举例来说,买一套300万元的房子,首付90万元,那么房价只需要涨30%,就赚到了90万元,等于首付的金额。而如果房价涨了1倍,则意味着你已经用90万元的首付赚到了300万元,杠杆效应可见一斑。

第二则是因为A股虽然长期走势向上,但是中短期的波动太大,每过几年就会来一波50%以上的跌幅,导致很多散户买得贵、卖得亏,也就是俗称

---

① 用70%贷款除以30%自有资金,得到2.33倍杠杆。

"被割了韭菜"。买得贵、卖得亏,是散户投资股市的两大核心缺点,而机构投资者或者专业人士在这两点上虽然不见得能够完全避免(因为牛市结束、市场大跌的时候,包括机构和大户在内,一个都跑不了),但他们在大跌过程和大跌之后比散户要处理得更好。所以,从投资结果来看,某种程度上A股市场是一个散户亏钱、机构赚钱的市场。

表1-2是2016年1月到2019年6月的A股市场散户和机构投资的回报数据。这张表非常明显地体现了一点:在A股市场中,投资体量越大,回报越高。如表1-2所示,从2016年到2019年这3年中:投资规模在10万元以下的散户的总收益是−2457元,假设他们的投资金额均值是5万元,那么收益率是−4.91%;当投资规模增加到10万元到50万元之间,总收益为−6601元,假设他们投资金额的均值是30万元,虽然亏损的绝对数额增加了,但是亏损率降低了,从4.91%缩小到了2.20%,已经有了明显的下降。同理,对投资规模在50万元到300万元之间、300万元到1000万元之间,以及1000万元以上的账户做分析,你会发现同样的情况依然存在。

表1-2 A股市场散户和机构投资的年化回报(2016年1月—2019年6月)

账户类型	总收益/元	择时收益/元	选股收益/元
散户(10万元以下)	−2457	−774	−1532
散户(10万~50万元)	−6601	−3018	−2443
散户(50万~300万元)	−30443	−15558	−10171
散户(300万~1000万元)	−164503	−80767	−65269
散户(1000万元以上)	−89890	−411584	402271

续表

账户类型	总收益/元	择时收益/元	选股收益/元
机构投资者	13447655	−4176872	18074792
公司法人投资者	23440904	−14766355	38244620

注：数据为2016年1月至2019年6月单个账户的年化水平。
资料来源：上海证券交易所。

所有的个人投资者，不论投资金额大小，在这3年里，都是亏钱的，但是体量越大，亏损越少。账户金额在1000万元以上的散户，亏损率已经下降到了1‰以内。但和散户形成鲜明对比的是，投资金额远远大于个人的机构投资者和公司法人投资者，在这3年里面则是赚钱的。

需要注意的是，从2016年到2019年，其实股市整体表现并不好，因为从2015年下半年开始，牛市结束，股市随后开始了一个整体的、非常剧烈的下跌，也就是所谓的熊市。在这样的熊市里，中国的机构投资者仍然是赚钱的，而散户整体是亏钱的。并且，资金量越大的散户，亏钱的幅度越小；而资金量越小的散户，亏损的程度越大。这个数据完美体现了上文所说的两个结论：第一个是在中国股市上，散户亏钱、机构赚钱；第二个是体量越大，亏损越少，或者说是体量越大，赚得越多。

为什么会这样呢？我从两个维度对投资者进行分类，帮助你来理解这个现象。第一个维度，你的投资风格，即你是一个偏向进攻的投资人，还是一个偏向防御的投资人。这里的进攻是指投资更注重上涨带来的回报，而防御则是指对风险的偏好比较低，想尽可能减少损失。第二个维度，你的投资方法，即你是一个有投资逻辑体系的投资人，还是一个没有投资逻辑体系的投资人。

如表 1-3 所示,根据投资风格和投资方法两个维度,我将投资人分成以下四种类型。

表 1-3 投资者的四种分类

投资风格	投资方法	
	进攻型投资人	防御型投资人
有投资逻辑体系	牛市获利丰厚,熊市有损失,但损失没有牛市获利多,甚至无损失	熊市损失不多,牛市也有较丰厚的获利,但不如进攻型投资人获利多
没有投资逻辑体系	牛市获利丰厚,熊市损失惨重	熊市损失不多,但牛市获利也不多

第一类,没有投资逻辑体系的进攻型投资人。这类投资人在股市上涨时,获利可能会比较丰厚,但在下跌的时候也会损失惨重。

第二类,有投资逻辑体系的进攻型投资人。这类投资人不仅在股市上涨时会获利丰厚,在股市下跌时损失也会比第一类投资人少很多。

第三类,没有投资逻辑体系的防御型投资人。这类投资人在股市下跌时损失不多,但在股市上涨时收益也不会很好。

第四类,有投资逻辑体系的防御型投资人,这类投资人在股市下跌时基本不会损失太多,在股市上涨时获利也会比较丰厚,虽然比不上第一类和第二类进攻型投资人,但肯定比第三类投资人要好。

对照前文所说的情况,机构和大型散户是有投资逻辑体系的人,他们当中也分为进攻型和防御型,例如有些基金是偏进攻型的,有些基金则是偏防御型的,但总体来说,机构和大型散户在投资市场上的表现比普通散户要好。而普通散户不管是偏进攻型还是偏防御型,大部分情况下他们的投资逻辑体系，相比机构和大型散户其实是不完整的。由此带来的结果是，投资回报更多来自运气因素。

这里所说的专业投资人，或者说有投资逻辑体系的大型散户，以及机构投资者，他们的专业性、投资逻辑体系体现在以下两个方面。

一方面是对市场基本面的研究，也就是某只股票到底是好还是不好。比如某专业投资者要投资一家公司的股票，那么他可能要去做各种各样的调研，然后对公司的整体业务逻辑、业务表现、公司利润的来源、股价上涨的逻辑等都会有非常清楚的了解。而绝大部分散户是并不了解这些内容的。当然，并不是说做了这些功课之后，投资这家公司就一定能够赚钱。但如果你不做这些功课，那么很显然，你在跟那些做了功课的人竞争的时候，肯定是处于劣势的。因为做了功课的投资者，无论是在投资的信心、估值的准确性还是在其他方面，肯定要比没有做功课的人更好。

另一方面则是对市场的敏锐程度和对操作技术的把控。相较于普通散户，有投资逻辑体系的投资者，包括机构对时机的判断会更好。我有朋友管理了一个小型的私募机构，他们在股市中的操作逻辑就是大部分时候和散户反向操作。他们建立了一个指标，去分析某个交易日的某一只股票，是散户买得多，还是机构买得多。如果散户买得多，他们就卖；如果散户买得少，他们就买。

所以有炒股经验的人可能经常会发现一个现象，那就是股票卖了之后就涨，买了之后就跌，然后在这种频繁追涨杀跌的过程中，被割掉了一笔又一笔的利润，甚至连本金也会亏损。这是因为很多人能够看到你的底牌，这不是作弊，而是他掌握了比你更多的信息。我们大部分人看到的成交量是一个总的成交量，而他们可以把成交量分成机构和散户，再依据散户的成交量来做反向操作。只要是技术还可以的机构,基本上可以把总价压得比较低,然后通过不停地反复进出,不断把成本拉下来,而散户则永远买在高位,然后以比较低的价格亏损卖出。买得高卖得低,时间一长,散户的综合成本总是非常高的。所以即使市场行情总体上是震荡上涨,指数涨了不少,但很多散户其实并没有赚钱,原因就是两条:第一买得贵;第二卖得低,或者卖亏了。而近年来,中国的机构投资者水平在不断提升,他们的进步要比散户的进步快得多,所以散户跟机构投资者之间的差距越来越大。

总结一下,中国股市散户不赚钱的原因其实很简单,因为中国的散户在投资人分类里面是属于没有投资逻辑体系的这一类;在投资行为上,散户大部分时候是跟着本能走,随大流。而机构投资者或者少数的专业级散户,则在投资上越来越专业、在投资逻辑体系上越来越完整,和普通散户之间的差距越拉越大,形成了降维式打击。

正因为机构跟散户的差距会越来越大,所以散户在金融投资上,尤其在股市中,需要做一个选择:要么自己成为一个有投资逻辑投资体系的人,要么就去选择有投资逻辑体系的一类人来帮你打理资产。你可以注重进攻、注重收益率,也可以注重防御、注重风险;你可以是价值投资,聚焦在长期投资回报上,也可以是趋势投资,依赖对其他人情绪的判断来赚钱。总而言之,你要有一套属于自己的投资逻辑体系,或者说找到一套适合自己的投资逻辑体系。而让别人来帮你打理资产,这其中的关键就在于如何找到真正有投资逻辑体系的人,即基金经理,以及如何通过他们来实现自己的财富增长。

第二节
区分基金的类型

|文　孙振曦

上一节分析了中国散户不赚钱的原因,进而提出如果做投资理财有两种选择,一种是自己建立起一套比较完整的体系,另一种则是找有一套完整体系的人来帮你打理。

目前市场上,有几千只公募基金和几万只私募基金,类别特别复杂,各种基金的区别很难明了。本节帮大家对基金做一些基础的分类,让大家不要看到基金就一头雾水。

一、以底层资产分类

首先,如果我们想要吃到一道好菜,那么我们要关心的最重要的问题就是做菜用的原材料。比如中国的川菜、粤菜、鲁菜等很多菜系和国外的日本菜、法国菜等,用的原材料是不一样的。类似的,如果把基金比作一道菜,那么它的原材料就是底层资产,是买债券、股票、黄金,还是房地产?我们可以根据基金投资的去向来做分类。

当然在给基金分类之前,我们最好先理解一下刚提到的股票、债券等底层资产要怎么区分,然后再根据这些底层资产给基金做分类。

底层资产可以被简单分成两类:权益类资产和债权类资产。

权益类资产的意思是,你拥有它的所有权,投资回报来自你所拥有的资产本身的价格增长。以股票或者股权为例,你拥有某家公司的股票或者股权,哪怕份额再小,也意味着你是这家公司的股东之一,你的投资回报来自这家公司在经营过程当中产生的利润。投资权益类资产所拥有的分享利润的权利,叫作"剩余索取权"。

债权是第二大类底层资产,比如你投资了一只某个主体发行的债权产品,那么从本质上来说,就是这个发行主体给你打了一张欠条,并且约定了一个时间,以什么样的利率,到时候还本付息给你。债权的投资回报来自它的利息,当然过程中你可以转让债权,也就是把这张欠条转让给别人,但欠条的最终收益兑现方式仍然是利息。

从底层资产的分类方式方面,可以对基金做一个分类。常见的公募基金有货币基金、债券基金、股票基金和混合基金。货币基金主要投资非常短期的债权资产,包括隔夜拆借、7天、15天、30天的借款,总之不超过6个月。债券基金就是以投资债券资产为主的基金,例如6个月以上、1年的、2年的、10年的国债等中长期的债权资产。在具体的投资比例上面,债券类资产占比要达到80%以上,因此债券基金也不是说完全不能投股票,能买一点点,但是股票在总资产的占比上有严格的限制,占比要非常小。而股票基金就反过来了,80%以上的资金要拿来买股票。混合基金的投资比例相对灵活,既可以高股票占比,也可以高债券占比,具体可以看时机灵活机动地选择。

表1-4具体展示了各类基金底层资产的投资比例。底层资产的区别,造成了投资回报跟风险的区别。货币基金由于投资的都是非常短期的拆借或者短期债券,所以风险非常小。债券基金,如果投资了比较多的地方政府债、国债,那么它的风险比较小;而如果它是投企业债的,风险会比投国债要高,但总体上风险也不算特别高。股票基金的价格波动比较大,上涨的时候可能一年翻一倍,下跌的时候一年跌掉百分之六七十,风险很大。混合基金则要看它是偏权益类的还是偏债权类的,我们根据基金的公开信息,比如定期财务报告,一般就能确定混合基金的底层资产是偏权益类的还是偏债权类的。

表1-4　各类基金底层资产投资比例

基金类型	投资范围
货币基金	仅投资于货币市场工具,主要包括: 中央政府发行的短期国库券和其他短期债券; 地方政府发行的短期债券; 银行承兑汇票、银行发行的可转让定期存单、商业本票、商业承兑汇票等。
股票基金	80%以上的基金资产投资于股票。
债券基金	80%以上的基金资产投资于债券。
混合基金	投资于股票、债券、货币市场工具或其他基金份额,且投资比例不符合股票基金、债券基金或货币基金中要求的。

资料来源:《公开募集证券投资基金运作管理办法》。

二、基金的其他分类

对于基金来说,前文说的原材料的分类角度是最重要的,除此以外,还有很多其他的分类方法,虽然不如原材料重要,但也很有必要了解一下。

如同不同的菜系对原材料的呈现方式是不一样的,选取相同的原材料,做法其实也可以不同,比如焖、蒸、油炸。基金同样有很多其他的分类方法,包括公募还是私募、封闭还是开放、场内还是场外、主动还是被动等。

◆ **公募基金和私募基金**

上文所讲的基金主要是公募基金,公募基金就是在市场上公开宣传、主要面向大众募集资金的基金;而私募基金则是非公开的、主要针对少数特定投资者募集资金的基金。

◆ **封闭式基金和开放式基金**

封闭式基金是指,你投了这个钱之后,约定一个期限,在期满之前钱是不能赎回的,比如约定了三年的封闭期,就意味着钱投出去之后,三年之内是不能取回的;而开放式基金就是买完了、份额确认好之后,随时可以赎回的基金。

◆ **场内基金和场外基金**

一般来说,所谓的场外基金是直接跟基金公司发生关系,你向基金公司申购了新的份额;而场内基金则是把已经开出来的份额转让给别人。场内基金是指在证券交易市场上能够被交易的基金,其实你可以把它理解为二手货,你不是一手买进,而是接了别人的盘,把另外一个人的份额买过来。

封闭式基金在封闭期内不能向基金公司赎回，但是投资者可以把自己手上的基金份额转让给另外一个投资人，这样就不用跟基金公司直接发生赎回关系。这一类能够在证券市场上转让的基金统称场内基金。

总之，能不能对现有的基金份额做二手转让，就是场内基金和场外基金最主要的区分。而它更直观的体现是，投资者能不能在股票软件上直接买卖，可以直接买卖的是场内基金，不能直接买卖的就是场外基金。

◆ 被动型基金和主动型基金

被动型基金是不主动追求收益，而跟随某个有涨跌的东西而涨跌的基金。比如跟踪某个股票指数，股票指数有涨跌波动，这个涨跌和指数编制时采用的样本股票有关系。追踪指数的基金可以通过买特定指数的样本股票，来实现与指数同样的涨跌幅。这么做的意义在于排除人为的投资决策的风险，可以躺着吃股市的平均回报。而主动型基金没有跟踪的东西，只看选择的投资品，觉得这只股票好就买它，非常好就多买一点。

◆ 按投资风格分类

还有一种区分基金的方式是基金的投资风格，基金的投资风格会在基金名称上体现出来。比如某只基金比较注重分红，它的基金名称就叫作某某红利基金；又如某只基金偏好中小盘股票，那么基金名称可能是中小盘某某基金；再如医疗行业、创业板、科创等很多不同的主题，都会体现在自己的基金名称里面。

以上所有的分类角度都可交叉结合，所以基金的分类就更多了，所以大家容易搞不清楚。如果你要了解一只基金在这些角度上分别属于什么类型，你可以从两个地方去获得比较多的信息。

第一个很简单,就是基金的名称,其中透露了百分之七八十的信息。公募基金名称的构成方式,一般前面是一个基金公司的名称,比如说兴全、华夏、嘉实等;然后中间会加上基金的风格,比如红利、进取、中小盘等;最后是基金的底层资产,比如说股票、混合或者债券等。例如"易方达中小盘混合"这只基金,"易方达"是基金公司的名称,"中小盘"是它投资股票的风格,"混合"就是它底层资产的构成。

第二个获取基金信息的来源就是基金招募说明书,招募说明书中对以上所有信息都有比较详细的描述。基金招募说明书的绝大部分内容,都可以在基金网站或者常见的基金平台上找到,比如天天基金网、蚂蚁财富,或者是好买基金网,你在基金的具体栏目点进去,能够看到它的绝大部分信息,从这些地方你可以看到基金更多的细节。当然,你也可以看原版的基金招募说明书,比较长,信息也更全。

第三节
以支付宝为例,教你如何查看基金信息

| 文　孙振曦

对于普通投资人来说,基金是不错的投资方式。不过有些人可能还没有买过基金,所以我先给大家做个演示,比如我们应该怎样去了解基金的基础信息,去哪些渠道了解,等等。

因为支付宝是最常见的 App 之一,所以我就以支付宝为例,建议大家打开支付宝,跟着一起操作和查看。在支付宝的首页底部的菜单栏,你可以看到"首页""理财""口碑""消息"和"我的"五个入口,点击"理财",在页面上方可以看到子栏目"基金",点击"基金",就正式进入了基金栏目。

在这个栏目有非常多信息,比如"基金排行""热门板块""新发基金"等,在页面的下半部分,还能看到很多精选基金推荐。关于具体的推荐信息就不展开讲了,我主要讲一讲怎么去查看一只基金的关键信息。

大家可以直接搜索自己想要查看的基金名称或代码,进入这只基金的

页面后,我们可以看到这只基金近一年涨跌幅、日涨跌幅、净值、晨星评级,以及它的业绩走势和净值估算等信息。

其中,业绩走势又分为不同的时间段,有近 1 个月、近 3 个月、近 6 个月、近 1 年、近 3 年。通过这个走势,你可以对这只基金过去 3 年的业绩有初步了解。

将页面往下拉,我们就能看到基金的"历史业绩",包括在不同的时间周期里的业绩,以及它在同类基金当中的排名。

在"历史业绩"的边上,是"历史净值",点进去可以看到两个关键信息,一个是"单位净值",另一个是"累计净值"。你可以这么理解,大家把钱归拢在一起,成为基金,然后把它切成很多份,按一份一份来卖,而单位净值就是一份基金的价格。原来定价 1 元,后来基金的投资回报不断增加,基金的价格也不断上升,就变成了我们现在看到的价格。基金过了一段时间之后,可能会有分红,就要从基金的价格里面做折算。比如说基金今年的价格是 3 元,今年的分红是 3 毛,那么基金价格拿掉分红之后,就变成了 2.7 元。另外,除了分红之外,有的基金还会因为净值高做拆分,比如将一份拆成好几份,那么它的净值也会下降。而累计净值就是假设基金在一直没有分红或一直没有拆分的情况下,到现在的累计值是多少。我建议大家买基金的时候,完全不用看净值,只看阶段性收益率就好。因为净值这个数据对于基金投资基本没有任何影响。

回到界面,我们继续往下拉,就能看到"基金档案"这个模块,这里会有一些关于基金自身的信息,包括基金概况、公告、持仓信息、行业信息和分红信息等。

首先来看概况,概况里面有基金的代码、资产规模、成立时间、基金经理、基金的投资理念和策略等信息。我们需要注意一下成立时间和基金经理：最好买成立时间在5年以上的老基金；关于基金经理，主要看他过往的管理业绩，以及他目前在管理的其他基金的业绩情况、投资理念和策略。这里提醒大家，关于投资理念和策略，不必太较真，参考即可。因为有一种常见的现象叫风格漂移，就是说在实际的操作过程中，基金的投资理念和策略可能会发生变化，跟当初写的不一样。

然后是基金公告，基金公告的内容都比较多，包括定期的季度、年度报告，关于基金发行运作的公告，还有一些不定时发布的、与基金本身相关的政策性的公告。在定期报告里面，需要注意的是，它会发布基金的资产配比、主要的持仓股票和行业比例。因为基金定期报告每季度公布一次，所以这些数据是以季度为单位的。比如上一次更新持仓情况在9月30日，下一次就在12月31日，而这中间三个月具体的仓位变化，其实我们是看不到的，只能看到一头一尾两个节点上的情况。

接着是分红情况，我们可以看见基金在哪几年、哪些时间点分了多少次红、每次的分红分别是多少。

在基金详情页面的最后一块内容是"交易规则"，主要确认的是买入的时间和卖出的时间，以及这两个阶段的费用问题。其中，基金的买入时间涉及的环节有三个，包括买入时间、确认份额的时间和查看盈亏的时间。很多人买了基金之后，说自己没有在当天看到基金的盈亏情况，这是因为中间有时间间隔。具体间隔多久，不同的基金有不同的说明。卖出也是同样的，什么时间点确认卖出，什么时间点卖出的资金到账，是到你的支付宝上还是到你的银行卡上，你都能看到具体的说明。

当然了，这里还有个费率问题，不同类型的基金在买入和卖出的环节上有不同的费率。目前基金的通道平台竞争非常激烈,所以在申购费用上,一般打折都非常厉害。比如支付宝,在买入的费用上,一般的基金都是打一折,卖出一般就不太会打折,但是它和时间相关,持有的时间越长,卖出的费用就越低。

此外,基金还有管理费和托管费等费用。一般来说,主动型基金这些费用加起来差不多是每年1.75%;而被动型基金会低一些,每年加起来不到1%。这些算是基金日常的运营管理费用。

以上这些信息,就是我们在基金投资中最需要关注的基础信息。在不同平台之间,比如说支付宝和天天基金网,或者其他的基金平台之间,这些信息会有细微的差别,但总体上来说影响并不大。

了解了这些基本信息后,在具体选择基金的时候,还需要了解更多,下节会逐步介绍。

第四节
怎么看基金招募说明书？

|文 孙振曦

上节内容讲了怎样通过支付宝了解一只基金的基本信息，如果想要更详细的信息，能够从头到脚、里里外外把这只基金的更详细的情况再了解一遍，那么我们就要去看基金的招募说明书。

基金招募说明书内容很多，信息披露非常充分，不过动辄上百页，看起来非常费力，所以我们要学会如何甄别其中的关键信息。总体上来说，基金招募说明书大同小异，因此我就用某只基金的招募说明书来做范例，告诉大家怎样去看其中的关键信息。

首先我们要了解怎么样去找到基金招募说明书，我建议通过电脑来找，也通过电脑来看，因为上百页的 pdf，在手机上看会非常累。具体说就是直接百度，你想看哪只基金的招募说明书，可以以"基金名称＋招募说明书"作为关键词直接搜索，在搜索结果的第一页应该就能找到，然后把这份 pdf 下载下来。我这份招募说明书一打开有125页，内容非常多，那么接下来我们就要拆解内容了。

如图1-1所示，以我所下载的这份基金招募说明书为例，基金招募说明书可以分为几个大的部分。第一个大部分是绪言和释义，是基金招募说明书本身的情况介绍；第二个大部分是关于基金的管理和运作的，包括基金管理人、基金托管人、相关服务机构、基金的募集、基金合同的生效、基金份额的申购与赎回；第三个大部分是关于基金投资的，包括基金的钱投给谁，相关的收费、税收等；第四个大部分，关于基金的合同、风险，以及其他披露信息等。

这些内容绝大部分都是模块化的内容，作为投资者并不需要从头到尾、完完整整、仔仔细细地阅读，有时间的投资者，在第一遍阅读的时候可以通读一遍，后续只需要阅读关键模块的内容，对其他的快速略过即可。

以下是投资者要仔细读的关键内容。第一个是绪言和释义，关键名词的定义会在其中。第二个是基金管理人，主要是讲了基金公司的人员情况，包括基金公司的高管团队、投资决策委员会成员，以及基金经理的相关介绍。这里需要说明的是，基金招募说明书里面不太会对基金经理的过往业绩做介绍，因此，关于基金经理的过往业绩，我们可能需要通过支付宝、天天基金网等其他渠道做进一步了解。第三个要细读的地方是基金的投资，这部分是整个招募说明书中最重要的内容，占比也非常大，讲的是我们的钱投到基金之后，基金要投到什么地方、怎么投的，以及相应的策略等。具体来说，一般会包括投资目标、投资范围、投资策略、投资决策的依据和投资管理程序，以及基金业绩比较基准等，内容比较详细。关于这几点，我们一一来讲。

首先是投资目标，这是招募说明书里的重要信息，一般来说基金的目标会对基金的投资进行方向性的指引。比如我选的这只基金，它的投资目标

目 录

第一部分	绪言	1
第二部分	释义	2
第三部分	基金管理人	6
第四部分	基金托管人	15
第五部分	相关服务机构	20
第六部分	基金的募集	28
第七部分	基金合同的生效	31
第八部分	基金份额的申购与赎回	32
第九部分	基金的投资	41
第十部分	基金的财产	50
第十一部分	基金资产估值	51
第十二部分	基金的收益与分配	56
第十三部分	基金费用与税收	58
第十四部分	基金的会计与审计	60
第十五部分	基金的信息披露	61
第十六部分	风险揭示	67
第十七部分	基金合同的终止与基金财产清算	70
第十八部分	基金合同摘要	72
第十九部分	托管协议摘要	96
第二十部分	对基金份额持有人的服务	115
第二十一部分	其他应披露事项	118
第二十二部分	招募说明书的存放及查阅方式	119
第二十三部分	备查文件	120

图 1-1 某基金招募说明书

资料来源：网络。

是这样的："本基金通过积极把握中国经济转型升级及工业 4.0 战略实施所带来的投资机会,精选工业 4.0 相关行业的优秀上市公司,在严格控制风险和保持良好流动性的前提下,力争实现基金资产的长期稳定增值。"也就是说,这只基金会投一些中国经济产业升级和工业 4.0 相关行业的上市公司股票,来保证这只基金的长期稳定增值。

其次是投资范围,通过投资范围,我们基本上能够看出这只基金对于投资方向的态度。

需要注意的是,很多基金招募说明书上的投资范围其实是比较宽泛的,大部分的基金几乎可以说把整个 A 股或中国市场的其他投资品类都包括进去了,包括债券等。这样说了基本上等于没说,因为没有做限定,什么都可以投。另外,有一些基金相对好一些,会把这个问题说得具体一些,在其中设定严格的投资比例。比如我举例的这只基金,除了常规的范围之外,还有一条很有意思,就是"投资于本基金界定的工业 4.0 股票的比例不低于非现金基金资产的 80%",这就很有指向性了。工业 4.0 相关的股票虽然非常多,但是它显然不能把超过 20% 的资产配置在茅台这样的食品酒水类股票上。换句话说,这是一只主动型,且具有非常强的行业性特征的基金。同时,关于什么是"工业 4.0",它也界定好了,指的是"移动互联网、云计算、物联网、大数据等新一代信息技术在制造业的集成应用",这样它就把投资的范围讲得非常具体了。

再次,投资策略,这部分内容基本大同小异。一般来说,股票选择就是定性加定量分析。定性就是对公司战略、行业竞争格局和结构、公司治理能力、管理能力、研发创新能力等做一些直观性分析,定量就是各类财务指标的分析,定性加定量分析可以给投资做一些指导。

复次,投资决策依据和投资管理程序。如果你是第一次看基金招募说明书,我建议你好好看一遍这部分的内容,它能够让你对基金运营的大概流程或内部情况有基本了解。比如基金管理人的投资决策机制，是由投资决策委员会、投资业务负责人和基金经理三个层面来具体分工和实施操作的。至于为什么会有这三层，这三层的人员分布是怎样的、如何分工等，你可以通过这部分内容有初步了解。如果有兴趣，你可以再去网上找一找三者具体的分工是如何实现的，以及需要注意哪些方面。

最后是业绩比较标准，不同的基准其实体现的是不同资产类别的比重。比如我举例的这只基金，基准是沪深 300 指数的收益率乘以 65% 加上中证全债指数乘以 35%，也就是这只基金 65% 对标沪深 300 指数，另外 35% 是对标债券指数的。我也看过一些其他的基金招募书：既有 80% 对标沪深 300 指数、20% 对标中证国债指数的；也有 40% 对标 A 股中盘股、40% 对标小盘股，剩余 20% 对标全债指数的。这些业绩比较基准能够在一定程度上体现基金的投资风格。

基金投资这部分以后的内容总体上都是非常标准化的，其中相对重要且关键的是费用问题。其实现在互联网 App 平台上，费用已经非常透明了，但是大家既然看招募说明书的话，那么最好还是看看有没有特例。

把 100 多页的基金招募说明书快速浏览一遍，可以对基金有基本了解。如果你是第一次读，可以读得慢一点；如果你已经比较熟悉了，就可以挑重点内容读。

在基金招募说明书的阅读上，有一点是比较有趣的，如果你打算长期做基金投资，并且你有时间看一看招募说明书的话，就可以比对一下同一基金在不同时间发布的招募说明书的内容变化。一直开放申购的基金，一般一年发布两次招募说明书，投资者通过观察招募说明书的内容变化，可能会对基金的运营情况有更深刻的了解。

第 2 章
详解常见的基金

本章对几类常见基金进行详解，包括按照资产分类的货币基金、债券基金、股票基金、混合基金，以及两类特别的基金，即被动跟踪市场的指数基金和投资境外资产的QDII基金。

第一节
可以替代活期存款的货币基金

| 文 孙振曦

货币基金是我们日常生活中非常常见的一种基金,借助近年来移动互联网的快速发展,尤其是货币基金标杆产品——余额宝的横空出世,让几乎所有普通投资人都接受了一轮货币基金的投资教育。

货币基金的投资标的主要包括期限比较短的银行存单、企业的商业票据、银行的票据,还有一些短期的债券和同业存款等。在我们的日常生活中,如果大家经常使用支付宝,比较熟悉余额宝这个产品的话,那么应该知道我们现在所使用的货币基金,其实在某种程度上和平时银行卡里面的活期存款是类似的。至少在支付宝这个体系里面,它的日常使用和我们银行卡里的活期存款一样。如果你需要提现,它也可以实现T+0的效果,也就是你想支取当天就可以到账。

一、货币基金的诞生

实际上,货币基金的起源和活期存款大有关系,1972年10月,世界上第一只货币基金在美国诞生。

当时,美国对商业银行和储蓄银行的定期存款利率进行了管制,给它们的利率设置了一个上限,结果美国的国债利率已经高于定期存款利率,所以当时如果你是一个普通中产家庭的老百姓,想去做一些没有风险的投资理财的话,其实买美国的国债比较好,因为收益率比定期存款还要高。但是那个时候美国的国债也有一个缺点,就是它有投资门槛,而且投资门槛还不低。美国资本市场上的很多机构和基金经理看到了这样的机会,他们就开始去募集非常多的普通投资人的小额资金,然后把这些钱汇总到一起,以一个账户的名义去投资国债,从而获得比定期存款更高的利率。

这就是货币基金的由来,本质上,货币基金其实是为了给美国老百姓的储蓄提供更高的利率而出现的。

中国的情况其实也差不多。中国的第一只货币基金在2003年就成立了,但是2013年之前,货币基金在中国市场上的发展一直比较平稳或者说比较缓慢,并没有出现非常火热的情况。

一方面是因为当时货币基金的申购赎回都比较复杂,另一方面也是因为货币基金的投资门槛相对比较高,所以中国的货币基金在出现之后的最初10年里,主要是机构投资者在投资。直到2013年余额宝横空出世,货币基金投资才在个人投资市场上爆发。仅仅花了一年左右的时间,余额宝的规模就超过了此前10年所有货币基金规模的总和。某种程度上,余额宝做

第 2 章 | 详解常见的基金

了一次非常大的投资人教育,几乎是凭借一己之力,把货币基金这样一个相对小众的、投资者以机构为主的产品推到了广大老百姓的面前。这就是移动互联网时代,货币基金通过一个用户量非常大的平台,在短短几年内普及的过程。

从用户角度来说,实际上它的名称叫"天弘增利宝货币市场基金",但是它没有用这么专业的货币基金名称,而采用了非常具有亲和力的名称——余额宝,这样就带动了非常多的货币基金改名字。在余额宝出现之后的几年时间里,在市面上能够看到各种"宝宝类"的产品,其实大部分都是类似的货币基金。

由于中国的活期储蓄回报非常有限,基本上你把钱存在活期账户里面,年化收益率只有百分之零点几,而像余额宝这样一个类似于活期或者准活期的产品,就把很多活期、定期或者类似的投资需求点燃了。这个市场非常庞大,所以随后的几年,各大金融机构都在余额宝的带动下,推出了各种各样类似的产品。

余额宝还解决了货币基金流动性不太好的问题。在余额宝之前,货币基金赎回基本上需要 T+2。也就是说,你想要赎回,得过 2 天时间才能拿到钱。即使是少数网上直销的平台,也至少需要 T+1,都非常不方便。当时余额宝借助支付宝这个工具,直接实现了 T+0,类似于随存随取,使用体验大大提升,在体验上非常接近活期,而在投资的回报上又和定期存款非常接近,甚至超过了定期存款,等于做到了降维打击。

如今,普通投资者对于这种货币基金已经非常熟悉了。截至 2019 年年底,货币基金市场规模比其他任何一类公募基金的规模都要大,其中很大部分的功劳归属余额宝,是余额宝带动活期或者定期存款搬家的结果。

非常多的年轻人包括我在内,其实现在的银行卡里已经没有太多的活期存款,绝大部分的活期存款都会在货币基金里面,比如像余额宝、微信钱包或者其他银行手机 App 上的一些相应的货币基金产品。

二、货币基金的特点

货币基金非常受欢迎,大家把它当成一个比较好的替代活期存款的工具的原因在于,货币基金有以下几个优点。

第一,货币基金的安全性是非常高的。这一点我们从它的投资品类当中就可以看到,货币基金的钱基本上投向了银行存单、商业票据、银行票据、政府的短期债券等,这些都是违约率非常低的投资品,因此货币基金可以说基本上从来不发生亏损。中国的货币基金历史上发生的亏损可能只有两次,分别是 2005 年和 2006 年,都是比较早的时候。所以从目前的情况来看,我们基本上可以把货币基金理解为风险非常小,甚至无风险的投资品种。

第二,货币基金的流动性整体上还是不错的。它投资的这些短期的货币工具,期限比较短,变现能力非常强,只要不发生极端情况下的超大规模赎回,一般来说基金的日常运转都不会出现问题,年化收益率也相对比较稳定。对于个人投资人来说,现在很多货币基金赎回会分成快速到账和普通到账两种情况。快速到账对于流通性来说非常好,但是它会有一个限额,例如余额宝:它的快速到账限额是每日 1 万元,类似于随存随取、马上到账;普通到账会有 T+2 或者 T+1 的到账时间,也就是说如果你在第一天 15 点前赎回,那么你要在第三天才能收到款项,这是原来的货币基金传统意义上的到账时间。现在很多货币基金会同时采取这两种方式,把一部分小额的钱用于快速到账,如果你要支取大额的话,仍然需要几天时间。总体来说,在绝大部分的情况下,货币基金的流动性是非常好的,因为你日常生活当中需要用到1万元以上的次数其实不会太多,在日常使用范畴以内,它的流动性就非常好。

第三,货币基金比起活期存款和定期存款来说,投资收益率还是不错的。首先它肯定远远高于活期存款的利率,在很多时候也高于一般的定期存款。这几年货币基金的收益率大都在3%、4%,而5年期的定期存款利率只有2.75%。当然最近两年余额宝的年化收益率在下降:一方面是由于余额宝的规模太大了,投资效率就降低了,收益率也就慢慢下来了;另一方面,整个市场收益率在变化,市场上各种各样的短期债券或者短期投资品的收益率,在宏观环境的作用下普遍在下降,也拉低了整个货币基金的投资回报。

很多时候,货币基金的投资回报跟市场上的短期资金的紧张程度有关系。2013年余额宝刚推出时,最高的年化收益率曾经达到7%~8%,这样的水平是非常高的。这是因为当时中国金融市场上发生了一次非常严重的钱荒,所有的金融机构之间能够相互做拆借的额度都非常紧张,而这些能够为银行提供资金的货币基金的投资回报自然也就水涨船高。

随着近年来信贷环境、利率环境的变化,加上央行使用各种各样的货币工具,给市场上注入了非常多的流动性,相对来说,市场上的钱变得比较多了,从而使货币基金能够起到的融资作用打了个折扣,使得货币基金的实际收益率缓缓往下走。

目前余额宝的收益率只有2%,甚至在部分情况下已经低于2%了。而其他表现稍微好一些的货币基金目前的年化收益率也就在3%左右。不过每到季度末、半年度末或者年度末的时候，整个市场上的资金还是比较紧张的，这个时候大家能够发现货币基金的回报往往会有跳升。当然过了这个阶段之后，货币基金的收益率仍然会缓缓地回到正常的水平上。

第四，货币基金相对于其他基金来说有一点是不同的，那就是货币基金没有申购费和赎回费，而其他所有的基金都有相关的费用，这是货币基金比较特别的一点。

三、投资货币基金的注意点

我们了解了货币基金的基本特点，那么我们在选择货币基金的时候，有哪些地方需要注意呢？

第一，你选择的货币基金最好规模适中，不要太大，也不要太小：太大了容易像余额宝一样，收益率因为投资效率的降低而降低；太小的话，基金的抗风险能力会稍弱一些。我认为几十亿元到上百亿元是比较好的区间。

第二，在基金规模的基础上，要看货币基金的投资者结构，最好选择散户比例相对比较高，而机构投资者比例相对比较低的货币基金进行投资。其背后的逻辑是，机构投资者比例高就意味着投资人过于集中，如果遇到市场风险，机构投资人会大额赎回，可能会引发小概率的亏损，虽然概率很小，但是这样的风险留意一下总是好的。当基金的投资人主要是散户也就是普通人的时候，就几乎不存在大规模赎回的情况。

第三，选择申购赎回比较方便的平台，比如你可以通过支付宝、微信或是基金平台App，甚至你常用的手机银行App进行购买和赎回。

第四，观察基金在历史上或者说最近一年里的收益率，然后去选择一个相对来说比较高,又符合前面所说特点的货币基金。当然,不同的货币基金整体的差距是非常小的,我们只需要在这些差距比较小的品种里面,选择一只相对稍微好一些的即可。

整体而言,对于普通投资者来说,货币基金就是一个平时比较常用而且比较简单的基金工具。

第二节
与市场利率变动密切相关的债券基金

| 文　孙振曦

上一节介绍了基金所有品类当中最简单的一类——货币基金,本节我顺着货币基金来讲一讲债券基金。因为债券基金和货币基金在某种程度上是比较类似的,它们都是债权类资产。

一、债券基金的特点和分类

货币基金和债券基金都是把钱投到债权类资产上,那么货币基金和债券基金之间有什么差别?货币基金投资的是比较短期的、流动性非常好的债券,而债券基金投资的债券是偏中长期的。另外,货币基金对于投资的债券的要求比债券基金要更高一些,因为它在定位上对风险的容忍度更低。总体上来说,债券基金比货币基金在投资回报和风险上面都要高一点点,但是它们两个都是属于避险类的资产，因为它们投资的资产大体上来说还是以债券为主。

关于债券基金有一点需要特别指出的是，虽然它名字叫作债券基金，但是并不代表它100%的钱都要拿去买债券。债券基金的基本要求是80%以上的钱用来买债券，而其他的20%是可以用来投资其他东西的，比如说股票。

我们可以根据债券基金投资债券和股票的比例不同，或者根据是否投资股票，对债券基金再做进一步的细分。第一类是纯债基金，也就是说100%的钱全部拿去买债券，债券可以是国债，可以是地方债，也可以是企业债，总而言之它只能买债券。第二类是可以买一小部分股票的债券基金，这其中又分为两个小类：一类是可以直接打新股的债券基金，叫一级债券基金，2012年监管层发布了《关于首次公开发行股票询价对象及配售对象备案工作有关事项的通知》之后，债券基金打新股已经不被允许了；另一类是可以在公开股票市场上买流通股票的债券基金，称二级债券基金。还有一类比较特别的，也就是第三类债券基金，叫作可转债基金，主要投资可转债。

可转债本身也是债券，但是它比较特别，是一种可以转换成股票的债券。也就是说，可转债本质上是债券，但是给了投资者一个权利，投资者可以在某一个时间段内把债券换成股票。比如，某家上市公司发行了一只可转债，面额是100元，利率是2%，一年之后到期，你购买了这只债券，一年后连本带利能够拿回102元。同时你又有一个权利，就是可以在一年之内把这张债券换成10股公司股票。假设发行时股票的价格是每股10元，持有10股股票正好等于它的面额100元。一年之后债券到期，如果这个时候股价涨到每股11元，那么这张债券代表的10股股票就等于110元，这时候将债券换成股票就很划算。但是如果很不幸，股票在这一年里从每股10元跌到了

9元,那么按照债券的102元来做本息回收,就比把它换成10股股票更划算。

所以,我们可以把可转债理解为有保底的股票。如果股票市场表现很好,那么这一年往往可转债的表现也很好;如果股票市场不太好,可转债的表现也不太好。比如在2014年、2015年和2019年这些年里的牛市时期,可转债和可转债基金的产品表现都非常好,收益率都挺高的。同样有些年份它的表现不好,不仅没有赚钱反而亏损了。因为股价有比较大的波动,可能一开始股价涨,你看好它继续上涨,用105元把面额100元的债券买过来,认为过一段时间之后股价会涨到11元,那么这张可转债的价值就到了110元,你可以赚5元。但实际上过了几天之后,股票的价格没有涨反而跌了。那么哪怕最后你债券到期,本息拿到了102元,但因为你买进来是105元,因此还是亏了3元。所以熊市的时候,尤其是牛市向熊市转换的时候,可转债往往表现得非常差,比如2016年和2018年,很多可转债基金亏损非常多。

另外,因为可转债在某种程度上是带有一定的可转换权利的,所以可转债的利率一般都比较低。很多上市公司其实也挺愿意发行可转债的,这是因为:如果未来股价上涨,大部分投资者将债券转换成股票,上市公司就不用还钱了;而如果股价下跌了,投资者没有将债券转换成股票,那么由于可转债的发行利率不高,又比直接发其他债券基金融资要更加便宜。

二、债券基金的投资逻辑

投资债券基金一定要非常注意市场利率,因为债券市场以及债券基金的表现和市场上的利率是反方向行动的。也就是说:如果市场基准利率是加息的，债券市场或者债券基金的表现往往不好；而如果是降息的，那么债券基金的表现往往就会非常好。

一般情况下，如果我们去投资债券基金，当然是希望债券的利率越高越好，因为这样的话到期的回报就会越来越高。这是第一层逻辑。实际上债券基金有第二层逻辑，因为债券基金投资的债券往往并不单纯是那些刚刚发行的债券，很多时候大家会在债券市场上做二手债券的流动。举个例子，假设市场基准利率是4%，那么一只债券基金可能花100元去买了一张面额100元、利率为4%、一年之后连本带利可以拿回104元的债券。买了这张债券之后的第二天，市场降息了，降到了3%，那么前一天花100元买的那张债券，今天去卖的话就可以卖101元。也就是说，市场降息了，昨天买的债券反而涨价了，赚到了钱。因为市场降息到3%之后，市场上新发的债券的利率也就只有3%。也就是说，如果第二天花100元去买债券，只能买到面额100元、利率3%、一年之后连本带息只能拿回103元的债券。

这样一比较的话，在一年后昨天买的债券可以比今天买的债券多赚1元，如果把前一天的债券拿去卖的话，市场上会有很多人愿意买，为什么？因为有很多人本身就要买债券，他先看到一年之后只能赚3元的债券，然后看到了你这张一年之后能赚4元的债券。他想了一下：好，我加你5毛，一年之后我还能赚3.5元，比买3%利率、一年之后只能赚3元的债券更优。当有人多加5毛之后，会有其他投资者愿意加7毛、加8毛、加9毛，直到最后有人愿意增加1元。也就是说，有人愿意以101元买你昨天100元买进的债券，因为利率是针对面值来讲的，他以101元买进4%利率的债券，一年之后也能够赚到3元，和他去市场上买其他债券是一样的。这就是市场价格的作用。

总结一下：如果你昨天买了债券,今天降息了,那么你昨天买的债券其实是赚了钱了;加息也是一样的道理,如果你昨天买了4%的债券,今天不幸加息到5%,那么如果你今天要卖掉它的话,昨天100元买进来的债券,今天只能卖到99元。

所以,债券基金的回报其实来自两个部分：一部分来自投资债券到期的利息收入;另一部分则来自投资债券的价格波动,这个价格波动往往来自利率的波动,或者来自流动性的波动。同时有一些债券基金还会在已有的金额上做一定的杠杆,来放大自己的收益,这也会带来债券基金的额外收益。

从历史回报来看,纯债基金的回报比较稳定。这么多年以来,纯债基金的年化收益率几乎没有一年是亏损的,都是赢利的。当然因为利率的波动有高有低,所以收益率也是有高有低。长期纯债基金最近15年的平均年化收益率能够达到4.8%左右,少量优质的纯债基金甚至能有8%左右的平均年化收益率。

三、如何选择债券基金?

最后,简单说一下债券基金的选择问题。

第一,债券基金的几个子类别,纯债基金、二级债券基金、可转债基金,都是可以投资的,它们之中都有不错的选择,关键在于要根据它们的特点,确定自己更偏好哪一类。

第二,债券基金规模不要太小,也不要太大。背后的逻辑和货币基金一样,规模太大会影响投资效率,规模太小抗风险的能力有点弱。

第三,选择历史业绩比较好的债券基金。投资者要看基金逐年的业绩表现，然后选择那些总体上表现比较好也比较稳定的基金。

第四，选择一个优质基金公司的债券基金，最好基金公司的整体债券资产规模比较大，并且资产能够分属几只不同的债券基金。原因在于债权类资产的投资，涨跌与利率等宏观大环境因素关系最大，对能力的差异化要求不像权益类资产那么高。风险方面，最需要关注的是风控，而这一点不是依赖个人能力就可以完成的，往往靠的是基金公司整体的风控系统。所以对债券基金，尽量选择那些规模较大的头部基金公司所发行的头部产品。

第五，选择投资基金综合费率比较低的债券基金。当然现在我们很多基金投资都是通过手机 App 购买的，由于整个互联网平台信息非常透明，平台之间也存在着各种各样的竞争关系，所以大部分基金在费率方面都差不多，目前也都到了一个比较低的水平，大家只要去选择几个主流的基金平台就可以。

总体上来说，债券基金就是一种比货币基金投资收益率更高，同时风险也略高一些的投资品种，但它本质上还是避险产品。投资者可以用货币基金来替代生活当中的活期存款，而用债券基金作为平衡风险的品种，用债券基金和高风险、高回报的股票基金以及混合基金，一起来消化那些长期不用的钱，替代定期储蓄。

第三节
风险高收益大的股票基金和混合基金

| 文　孙振曦

前两节内容分别讲了货币基金和债券基金,本节要讲一讲另外两种比较常见的基金类型:股票基金和混合基金。之所以把这两种基金放在一起,是因为它们的联系比较紧密,而且我们大部分人所认知的基金大多属于这两类。

债券基金将80%以上的资产投资在债券上,与其相对应的,股票基金将80%的资产投资在股票上。这算是两种极端的投资,一种集中投资股票,一种集中投资债券。但有一些买基金的人不希望把绝大部分资产放在某一类资产上,而是希望自己的基金能够更加均衡一些。混合基金就是介于债券基金和股票基金两者之间的基金。

截至2021年6月底,公募股票基金有2000多只,债券基金有2800多只,混合基金的数量比它们加起来还要多,数量超过5000只。

总体上来说，混合基金在配置上更加灵活，在不同的市场行情下，可以随着市场的波动进行仓位调整，能够腾挪的空间比较大，所以不管对基金公司来说，还是对投资人来说，混合基金都比较受欢迎。

实际上，和股票基金相比，最初混合基金其实并没有那么受欢迎，这中间有一个非常戏剧性的变化过程。

之前，股票基金的股票资产占比要求最低只有60%，所以当市场行情表现不好的时候，股票基金降低仓位的空间是很大的。2014年7月7日，证监会发布了一条规定，规定股票基金的股票资产最低占比从60%提升到80%，规定自2015年8月8日起施行，执行过渡期是一年，在这一年当中股票基金可以转换成混合基金，也可以不转。然而在一年的过渡期当中，2015年7月，正好碰上股市暴跌，很多股票基金出于避险考虑，转换成了混合基金。

之所以有这么多股票基金转变成混合基金，主要是因为混合基金在仓位管理上相对有比较大的优势。

首先，混合基金的股票仓位上限是95%，所以在股票市场牛市的时候，混合基金和股票基金其实没有任何差别；而在股票市场表现不好的时候，股票基金有80%的股票仓位限制，而混合基金所受的限制就要小很多，理论上股票仓位可以降到0，在单边下跌的行情中能规避风险，控制基金净值的回撤。

新成立的股票基金数量远远不如混合基金，双方已经拉开了非常大的差距，混合基金的数量是股票基金的近3倍，而且如果以后在仓位限制上没有任何变化的话，这种差距应该会越来越大。

对于混合基金，我们又可以根据不同的股票和债券的投资比例以及整体的投资风格,做更细致的分类:投资股票偏多一些,就是偏股型的混合基金;投资债券多一些,就是偏债型的混合基金;相对配比比较平衡的,就是平衡型的混合基金;另外还有一些是根据市场行情来做根本性大幅度仓位调整的,称灵活配置型的混合基金。

如表2-1所示,不同的混合基金在股票和债券上的仓位配比是不同的。具体来说:偏股型的混合基金股票的投资比例一般在50%以上,债券的比例在10%~40%;偏债型的混合基金股票比例就比较低,占比在20%~40%,债券的投资比例一般都在50%以上,多的可能达到70%。而对于平衡型的混合基金来说,长期股票和债券的占比是差不多的。最后一类灵活配置型的混合基金会根据市场来调整,股票占比少的时候可能是0,多的时候可能是95%,债券也是同样的情况,在不同的行情下面,其债券配比也会有非常大的变化。

表2-1 混合基金资产配置

类型	股票投资	债券投资
偏股型混合基金	一般占50%以上	一般占10%~40%
偏债型混合基金	一般占20%~40%	一般占50%以上

如图2-1所示,不同资产配比的混合基金,加上货币基金、债券基金、股票基金,可以组成一个资产比例的光谱,或者说风险高低的光谱。股票基金在光谱的一头,货币基金和债券基金在光谱的另外一头,其中货币基金在另外一头的尽头。光谱中间就是几类混合基金。

第 2 章 | 详解常见的基金

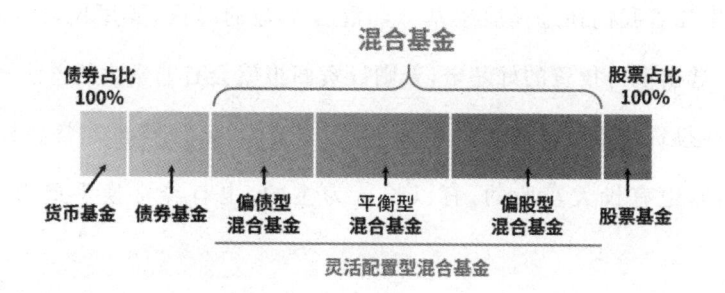

```
                          混合基金
        债券占比    ┌─────────────────────┐    股票占比
         100%                                    100%
    ┌────┬────┬────┬────┬────┬────┐
    │    │    │    │    │    │    │
    └────┴────┴────┴────┴────┴────┘
      ↑    ↑    ↑    ↑    ↑    ↑
    货币  债券  偏债型 平衡型 偏股型 股票
    基金  基金  混合  混合  混合  基金
                基金  基金  基金
         └──────灵活配置型混合基金──────┘
```

图 2-1　基金不同资产比例光谱

以后在做基金组合的时候会用到这张光谱。在这张光谱上，从货币基金开始，风险是逐步波动上升的，长期收益率也是逐步提升的，同时提升的还有同类基金的内部回报差距。也就是同一类基金当中，好的基金和不好的基金之间的差距是越来越大的。

比如投资货币基金，最差的货币基金投资收益率可能是年化 2%，比较好的可能是 3%。仅从收益率来看，两者有 50% 的差距；而从绝对值上来看，其实也就是 1%，尽管这 1% 已经是非常大的差距了。

再比如债券基金，也存在差不多的情况，它的收益率差异比货币基金要大一些，但是比股票基金和混合基金还是要小。好的债券基金长期的年化收益率可能是 6%~8%，差一些的债券基金，尤其是纯债基金，年化收益率可能只有 3%~4%，它们之间也有 1 倍的差距，但从绝对数值上面来看，其实差距也不能说非常大。

而股票基金和混合基金的内部差距就非常大了：表现不好的股票基金和混合基金，可能常年都不怎么赚钱，或者投资收益率非常低，比如就 3%、5%；而比较好的那些基金，可以在比较长的时间周期里，年化收益率能实现 15% 以上，甚至有少数能够超过 20%。

这意味着我们在选择股票基金和混合基金的时候,要用比较好的选基金方式,选出值得投资的好基金,否则投资回报就会有非常大的差距。

这些投资股票资产的主动型基金,数目非常多,风格也非常多样:有投小盘股的,也有投大盘股的;有以长持为主的,也有经常换手追求短期收益的。

后文在选择方法上会有更多的细节讲解。如果你有一些自己的偏好,那么可能就需要在学习这些更具体的方法后,自己再做一些基础准备,之后再确定要投资的标的。

第四节
跟踪指数涨跌的指数基金

|文 孙振曦

前文讲到了以底层资产作为分类基础的基金分类方法,包括货币基金、债券基金、混合基金和股票基金。本节在底层资产之外,再来讲另外一个基金分类的方式或者维度,就是主动型基金和被动型基金。

主动型基金,也就是我们日常讲的,有一个基金经理会主动去选择要投资的股票、债券或者其他资产;而被动型基金就是指数基金,它是跟随指数的变化而变化的,不由着基金经理自己的意愿去选择标的。

一、什么是指数?

讲指数基金,先从指数开始讲起。我们在做投资的时候,指数好像专指股票指数,比如说沪深300指数、上证指数、中证500指数等,非常高端大气上档次，其实你不要太在意，指数其实是再平常不过的。

关于指数，你可以用平均值或者加权平均值去理解。指数是对一类同一性质的事物的综合性的衡量，用以表示这一类东西的平均水平。任何由类似的东西组成的一组东西，它们的平均情况都可以用一个指数来指代。比如，除了股市之外，我们日常生活当中，经常会听到物价指数 CPI。严格意义上来说，它也是一个指数，叫作消费者价格指数，英文叫作 consumer price index，也就是我们日常所说的一篮子日常消费品的平均价格的涨跌幅度。这一篮子的消费品，包括食品、酒、饮品、住宅、服装、交通、医疗、健康、娱乐、其他商品服务等，其中最为大众熟知的就是猪肉。生活当中任何东西，但凡你打算从总体上来做衡量，都可以做一个指数出来：对一个城市的平均年龄，你可以做一个年龄指数；对平均身高，你可以做一个身高指数。假设有一个学校叫作 890 学校，入学了一批新生，那么针对新生的期末考试成绩就可以做一个指数，叫作 890 学校新生期末考试成绩指数，用它来展示每一届新生期末考试的平均成绩的变化。类似的情况都可以，只要你打算看一组东西或者一类东西的整体平均走势，就可以做一个指数。

二、什么是股票指数？

投资品市场上，除了股票指数之外，还有债券指数、大宗商品指数，甚至房地产指数等。本节主要讲股票指数，股票指数其实也是为了了解某一类或某一些股票的整体情况编出来的，将一类股票或者说很多的股票打包在一块，看它们的总体平均值，或者是看大概的加权平均值走势。

最早的股票指数是 1884 年开始编制的道琼斯股票价格指数（以下简称

道琼斯指数），它反映了当时11家铁路公司股票的平均价格。当时的铁路就跟现在的新能源汽车、人造肉、半导体芯片等一样，是最前沿的新兴产业。但是当时的铁路公司很多，却没有一个统一的指标来观察所有这些铁路公司的平均的或者整体性的发展情况。因此，道琼斯指数的创始人查尔斯·亨利·道（Charles Henry Dow）根据最大的11家铁路公司的股票平均值变动，编了一个指数。100多年之后，这个指数逐步发展成了现在世界上最重要的指数之一。

在股票市场上，指数分成三大类：综合指数，宽基指数及窄基指数，或者说分类指数。综合指数是把所有上市公司打包在一起，算出一个平均值。比如说上证指数，就是把上海证券交易所的所有股票打了个包，算一个平均值。而宽基指数和窄基指数都是取其中的一部分：宽基指数的"宽"就是指它的覆盖面是比较宽的，覆盖各行各业；而窄基指数就可以被理解成相对来说覆盖面比较窄，关于一些细分的行业或者说细分的主题的指数。有按照行业分的，比如说房地产行业、军工行业、医药行业等；也有按照主题特征或者其他类型分的，比如说一带一路指数等。

我用前文讲过的890学校的例子，再来说明一下，可能大家更容易理解。综合指数就是890学校新生期末考试的成绩，它对所有人所有科目的平均值打了个包进行反映。宽基指数就是选择其中覆盖面比较广的一部分，比如把成绩最好的100个人的期末考成绩，取一个平均值或者加权平均值，不分男女、不分班级、不分学科，只是对100个比较有代表性的学生的成绩进行反映，这就是宽基指数。窄基指数或者说分类指数可以用班级区分，比如新生三班期末考试的指数；或者是按照科目来分，比如说新生数学考试期末指数等。

三、什么是指数基金？

把指数的事情弄清楚之后，就可以进入主题，来讲一讲指数基金。所谓指数基金就是跟踪指数涨跌的基金。指数是一个平均值或者加权值，那么在这个市场上面，股票有涨跌，平均值肯定也有涨跌，指数基金就是跟着指数也就是平均值的涨跌不断变化的基金。

要复制指数的涨跌，那么指数基金必须把指数的成分股作为投资对象，按照相同的比例去投资，这样才能跟得住。也就是说，它就是一个被动的、涨跌不由自己说了算的基金，是由指数的成分股的涨跌算出来的。

本书的指数基金主要是指股票型的指数基金。虽然债券也有指数，但是债券本身波动没有那么大，所以各只债券型的指数基金之间的差别也没有那么大。因此投资指数基金，主要投股票型指数基金就好，债券型的指数基金和普通的债券基金差别就没那么大了。

投资指数基金有一个很容易搞混的问题，很多人搞不清楚 ETF 到底是什么东西。我们去投资指数基金，其实就是指投资 ETF 或者说 ETF 基金，ETF 是英文 exchange traded fund 的首字母缩写，本身就叫作交易所交易基金。另外有一类基金和 ETF 联系密切，也很容易搞混，叫作 ETF 联接基金。大家要注意，ETF 和 ETF 联接基金是两回事，两者存在一定的差别，当然它们的联系也很紧密，这是大家经常搞混的原因。严格意义上说，所谓的 ETF 联接基金，就是大家把钱凑齐后，再去买 ETF，所以它的投资标的是 ETF。而 ETF 本身虽然名义上叫作基金，但其实你可以把它理解成一种特别意义上的股票。

它们的区别,我再来展开讲一讲。

首先,它们跟踪的对象跟仓位是不一样的。完全跟踪指数的其实是ETF,ETF的投资比例同指数样本中各只股票的权重对应一致。比如沪深300指数,5%的权重是中国平安,沪深300的ETF也同样要跟随着沪深300的指数,以5%的比例买进中国平安,也就是100%的跟踪,所以ETF本质上其实是一篮子的股票。

新的ETF发行时,都是按照这样的比例去安排的。你去看有ETF的基金公司的官网,一般都有申购赎回清单查询,你能看到里面新发行的ETF的申购部分需要什么样的股票组合,你如果要买,就要按照这个清单打包买进。不过这种新申购的ETF,金额会比较大,一般都要几百万元以上。打包买进之后,你可以把整个打包的ETF再切分成一小份、一小份的份额,每一份价格都比较低,一般是以1元的价格在二级市场也就是股票市场上卖出。注意,在股票市场上做二手买卖的是ETF的份额,叫作ETF的份额。

ETF联接基金其实就是一类股票基金,它不是满仓股票的,最多只能有95%的仓位,跟其他的股票基金唯一不太一样的是,ETF联接基金必须要有90%以上的仓位要买前面说的ETF或者ETF的份额。所以有的时候不同的联接基金,因为不同的仓位控制情况,最后会跟指数产生一定的走势误差。

其次,ETF是在二级市场,也就是股票市场上做二手买卖的,当然你也可以做一手申购,不过整个打包好的ETF金额比较大一些。而ETF联接基金就是在基金App里面花钱申购的基金公司,拿了大家的钱再去买股票市场上的ETF,做成整个打包的ETF联接基金,再按份额卖给大家。

这就是场内资金和场外资金的区别。这里的场内和场外中"场"的意思就是指股票交易所。在股票交易所里面买的叫场内基金,就是ETF;在股票交易所以外买的，比如在基金公司或者基金公司的渠道那里买的是场外基金，就是 ETF 联接基金。

最后，交易场所的不同带出来它们之间的第三个区别，就是价格。你在场内买的 ETF 或者 ETF 的份额是实时交易的，就像股票价格一样，根据供求关系实时撮合交易。比如说你在 14 点买的是一个价格，14 点 1 分买的是一个价格，14 点 1 分 1 秒买的又是另一个价格。但你在场外买的，每天只有一个价格：你在 15 点之前买，今天的收盘价格就是交易标准；15 点之后买，下一个交易日 15 点的收盘价格就是你交易的标准价格。

以上是它们之间主要的本质性区别，其他还有几个小的区别，我觉得也需要提一下。这些区别主要体现在管理上。

第一个小的区别是 ETF 和 ETF 联接基金，它们的手续费跟管理费是不太一样的。场内买 ETF 交易费率是比较低的，因为都是按照股票价格来买卖的，佣金和收费方式都跟股票一样，费率非常低。而你在场外买，申购费用、赎回费用都是按照基金的标准来的，相对来说要高不少。当然绝对比例比其他的主动型基金还是要低一些的，因为它是被动型的基金，对基金经理的要求低，区分度也比较小，太贵大家都去买别家的了。

第二个小的区别就是场外的 ETF 联接基金是可以做定投的，因为它是只基金，大家可以在基金 App 上做设置，我在某一个时间节点或者我按照一个固定的周期来购买；而场内的 ETF 就像股票一样，它是没有定投功能的，你只有挂单，可以提前以一个价格挂在那儿，到了这个价格就买进，没有到这个价格就买不进。

以上就是 ETF 和 ETF 联接基金的区别，大家在这个问题上搞清楚，就可以减少一些对 ETF 和 ETF 联接基金的认知错误，其实它们的区别就体现在是场内还是场外,是在股票市场还是在基金市场上操作。

在具体的指数基金选择上,一般来说建议大家买宽基指数基金,尤其是做长期定投,要么买宽基指数基金,要么多个行业指数基金一起定投。如果是单笔投资的话,你看好某一个行业,那么选择行业指数基金也未尝不可,但这对你对这个行业的理解的要求就会比较高。如果觉得 ETF 联接基金太过被动,那么在这个基础上,这些年还出来了指数增强型基金。指数增强型基金是指在原来指数 ETF 联接基金的基础上增加一些主动操作,比如说选择一定的仓位、选择一定的成分股,甚至还可能用一些小仓位去打新股。从这些年的情况来看,指数增强型基金总体上的产出还是不错的,是正向的。如果大家愿意多承担一点风险,也是可以考虑的。

主动型基金、被动型基金和指数增强型基金,它们之间的差别我可以用一个例子来解释。

其实有点像吃饭。主动型基金自己挑选自己吃,如果挑选能力强就吃得好。坏处是一不小心就容易吃到过期食品,拉肚子(亏损)。被动型基金就像你被捆住了手脚,边上有一个大哥(指数),他给你把饭菜配好了喂你吃,他喂一口你就吃一口,他给你什么你就吃什么。指数增强型基金,就像在被捆住手脚的情况下,松开了一只手,除了大哥喂你吃的之外,你还能用自己松开的这只手稍微选一选。但同样的,它跟主动型基金一样,好处是如果能力强就能吃得好一些,如果能力不强就可能会吃到坏东西。

指数增强型基金介于主动型基金和被动型基金之间,目前来看,相对来说更加偏向被动型基金一些。但总体上,它的业绩回报还是不错的,基本上都是正向的,所以大家可以好好看一看指数增强型基金,如果基金经理的历史业绩靠谱的话,它也是一个很好的选择。

第五节
投资境外市场的 QDII 基金

| 文　孙振曦

本节内容我们讲一下投资境外的基金，主要是指 QDII 基金。QDII 基金并不是一个非常主流的基金类型，但还是会有很多人关心，特别是前几年人民币的汇率下跌时，就有很多人要去境外投资，规避汇率下跌的风险。

一、外汇管制问题

对于境外基金投资，很多人的关注都是从外汇管制开始的，我觉得也有必要先把这个问题讲一讲。先讲一个理论叫作"蒙代尔不可能三角"。蒙代尔是一个人的名称，他创造了欧元，被称为"欧元之父"。蒙代尔不可能三角理论能够比较好地解释外汇管制的问题。蒙代尔认为在外汇或者资本管制的问题上，有三个方面是不能同时兼顾的：第一个是资本自由流动，第二个是货币政策的独立性,第三个是汇率稳定。

资本自由流动就是货币自由兑换。比如某人想用人民币兑换美元,想今天换就今天换,想明天换就明天换,想换100万元就换100万元,想换200万元就换200万元,用美元兑换人民币也是一样,没有任何约束,这叫资本自由流动。货币政策的独立,读者可以把它理解成加息、降息、加准、降准这些央行的政策都是独立思考的结果,它是根据自己经济体的经济发展情况来决定的。一般来说,经济发展过热,就要加息来降低经济发展速度;经济如果发展得不好,就要降息来刺激经济。所谓的不独立就是跟着别人的政策走,主要是指跟着美国或者其他核心经济体走,美联储加息你也得跟着加息,美联储降息你也得跟着降息。就算我目前经济增速很快,实际上我应该加息来降低经济增速了,但是因为美联储降息了,我也只能跟着降,这就是所谓的货币政策不独立。汇率稳定也很好理解,就是汇率的波动不大,长期维持在一个相对稳定的汇率上。

资本自由流动、货币政策独立、汇率稳定,这三个方面是没有办法兼顾的,一定要放弃其中的一些东西,或者放弃其中的一个部分。

比如中国香港就是放弃了独立的货币政策,达成了资本自由流动和汇率稳定这两点。港币的汇率是牢牢盯住美元的,美元兑港币的汇率长期稳定在1∶7.70～1∶7.75,货币在香港是可以自由兑换流通的,但做到这两条之后,香港的货币政策就没有独立性了。它要跟着美联储的加息、降息政策走,说加息它得跟着,说降息它也得跟着。为什么美国加息之后,香港必须跟着加息?不跟着会有什么情况出现呢?因为港币汇率是稳定的,资本又是自由兑换的,所以其实可以把港币理解成为1/7.75美元。名义上它们是两种货币,实际上它们就是同一种货币,因为汇率稳定,而且可以自由流通，可以随时兑换，港币就是一个套了壳的美元。如果美国加息，香港不加息，就意味着把钱存在美国，它的收益率要比存在香港高，而两边又是同一种货币，我就应该把香港的存款搬出来，存到美国的银行去，这样我就能够获得更高的回报。这对资本来说不是很好吗？也就是说，如果美国加息、香港不加息的话，那么资本就会不断从香港流向美国，整个香港市场就很有可能会崩盘了。所以说在保持了资本自由流动和汇率稳定这两个前提下，一定要放弃货币政策的独立性。

又比如早些年的东亚经济体，日本、韩国、中国台湾等，以及目前的中国大陆，都是保持汇率的基本稳定和货币政策的独立，放弃了资本的自由流动。中国大陆的宏观调控要根据自己的经济周期来决定，同时为了稳定出口，汇率也要基本稳定，不能大幅度波动。所以资本管制相对来说就会显得非常必要，也是不得不采取的策略。不然宏观经济调控和经济发展增速的平滑就容易受到外部的干扰，对经济发展就会造成很大的影响。资本管制就是为了减少这方面的影响。

在现实生活当中，一般来说这三个方面不是一个三选二的问题，很多时候都是 A＋B＋C＝2，也就是在资本自由流动、货币政策独立、汇率稳定三个里面各取一部分，不走极端，但是 A、B、C 加起来基本上等于 2。比如说在中国，目前汇率不是完全固定的，是有管理的浮动，在一定程度上可以浮动，但并不可以完全自由浮动。而在货币政策上，尽管中国的货币政策是非常独立的，比如 2019 年美国降息了，中国就没有降息。但美联储对全世界的货币政策都有一定的影响力，哪怕是中国。

资本管制就是在这样的前提下进行的，我们在投资 QDII 基金之前，最好能对这个逻辑有所了解。

二、QDII 基金是什么?

QDII 英文名字叫作 qualified domestic institutional investor，中文名字叫作"合格境内机构投资者"，把它拆开来，由合格、境内、机构投资者三部分构成。名字听上去挺复杂的，简单点说，它就是一个在中国境内的机构投资人，符合一定的条规，拥有在中国境内投资境外资产的资质。

境外的资产包括股票、债券等一系列有价证券，设立 QDII 基金的主要目的是方便中国人去境外投资。QDII 基金应该是目前市面上中国公民合法、合规地投资境外资产最便捷的一条路径，它上面有一个外汇管理局进行监管，有一定的外汇额度限制。

根据外汇管理局公布的数据，截止到 2021 年 6 月，QDII 基金累计审批通过的金额是 1400 多亿美元。

投资回报上，QDII 基金主要有两类来源。一类是以美元计价的资产，可以去投资一些我们目前在境内投资不了的以美元计价的股票等，就像苹果公司的股票、谷歌母公司阿尔法贝塔（Alphabet）的股票、脸书的股票等。另外一个回报来源就是汇率。当然回报来源同时也可能是风险的来源。

举个例子，比如说苹果公司的股票年初是 70 美元，当时美元兑人民币是 1∶7，所以你通过 QDII 基金买 1 股苹果公司股票的话，大概需要 490 元。现在苹果公司的股价大概是 120 美元，美元兑人民币的汇率降到了 1∶6.6。如果我们以美元计价，QDII 基金涨了 120 美元/70 美元－1≈71%。这 71% 的涨跌和汇率没有太大关系，是由苹果公司基本面的变化和美国股市变化造成的。但是因为我们是在中国境内以人民币计价去投资的，要考虑到汇率问题,那么实际上这 120 美元目前的汇率折算过来是 792 元。如果以人民币的价格来计算,这段时间 QDII 基金投资苹果股票的收益率就是 792 元÷490 元－1≈62%。

所以这里的回报是两种:一种是资产价格本身以美元计价的价格波动的回报,另外一种是汇率的波动所带来的回报。

就像前几年美国股市上涨,同时人民币相对于美元汇率下跌的时候,其实 QDII 基金在逻辑上来说回报应该是不错的。当然这是从逻辑上面来说,实际上因为操作的原因,很多的 QDII 基金的回报也不好。

三、QDII 基金的优劣势

QDII 基金的优势主要有以下两条。第一,可以分散资产的风险,特别是货币风险,尤其是你的资金体量比较大,就要考虑货币汇率的稳定性和它的流动性。第二,国外有很多优质资产,比如说在美国纳斯达克上市的代表新兴产业的各种业绩非常好的公司,我们在中国境内是投资不了的,你可以通过相应的 QDII 基金分享它们的业绩增长回报。

QDII 基金的劣势或者说不太好的地方,也有以下几个。

第一,费用相对于境内的其他公募基金来说,要显得更高一些。当然现在比以前已经要好很多了,以前 QDII 基金各种申购费用、管理费用都在 2%以上。这两年基金 App 普及之后,一般申购费折扣都打得非常低了,不过管理费还是一如既往保持在相对比较高的水平线上,读者可以通过各类基金 App 具体看一下。

第二,申购、赎回时间相对来说比较长,尤其是赎回。因为境内外的休市时间不太一样,中间还存在时差、汇率、兑换等诸多问题,肯定不如在境内直接用人民币买人民币资产来得方便。一般来说,如果你现在去支付宝平台上面买 QDII 基金,买进入账确认的时间是 T+2,赎回到支付宝大概需要 T+7,如果赎回到银行卡的话可能时间更长,需要 T+9,也就是 10 天左右的时间。

第三,基金经理的投资能力。境内的基金公司去境外投资,客场作战,很多基金经理的能力其实是不太够的,特别是原油等大宗商品市场都是国际市场的高端玩家在操盘,境内基金公司去投资被割韭菜的例子不要太多。当然了,总体上来说,目前境内的投资机构投资境外市场的能力还是在不断提升的,尤其是投资指数基金,因为是被动型的投资,相对来说难度要低一些。

四、投资 QDII 基金的建议

最后,我给几条投资 QDII 基金的建议。

第一,建议投资对应美国股市的指数,并且基金规模还可以的 QDII 基金。这里面有几条限制:美国股市;对标指数基金;规模要还可以。

为什么要投资美国市场呢?因为目前世界上增长最快的科技类公司,除了在美国就是在港股和 A 股了。A 股我们可以随便买。港股现在也有港股通和港股通基金。所谓的港股通,就是你在内地可以直接买港股,有相应的资格就可以。以个人为例,20 个交易日里,个人的股票账户上有 50 万元或者 50 万元以上的平均资产,就可以开通港股通。比如我自己就开了港股通,可以直接买港股。机构的话,基本上基金公司都有类似的功能跟权限,有了可以买港股的权限之后，就可以把钱归拢在一起，去投资这样的港股通基金，去投资港股，或者至少配备一部分港股。目前这样的基金可选的也不少，你可以把它们看作一类稍微特殊一点的混合基金或者股票基金，只是买港股方便很多。而对于我们通过股票基金或者混合基金买不到的股票，也就是美国、日本、欧洲市场上的这些好公司，我个人觉得其中只有美国的纳斯达克标普等指数的成分股长期具有比较好的走势。

为什么要强调规模呢？很多QDII基金体量都不大，很多只有1000多万美元规模。需要提醒的是，基金规模如果太小的话，遇到风险就很麻烦，之前也有不少小规模的QDII基金被清盘了，所以这方面需要注意一下。

第二，不建议投资QDII大宗商品基金。因为原油、天然气、农产品等大宗商品周期性非常强，境外玩家的实力又非常强，弄不好你买进去之后几年都回不了本。投资基金的目的是分散风险，而不是增加风险，所以我认为没有太大必要买QDII大宗商品基金。

第三，类似REITs的房地产基金，相对来说业绩比较稳定，也是可以考虑的，可以作为股票类QDII基金的备选去向。

我们去买QDII基金，要看一看这些基金的回报和基金经理的历史履历，从中选择一些业绩和能力比较靠谱的，作为我们的投资标的。

第3章

挑选基金

公募基金的可选数量达上万之众，看似纷繁复杂，但是要从中选择一些好基金作为长期投资用，其实并不难。买基金是把钱交给别人去投资，那么这个拿着你的钱的人（包括基金经理以及管理基金的整个支持团队）是否长期稳定靠谱，就是最重要的。我们只需要遵照这一条核心原则，用一些方法去筛选，凡是能够体现长期、稳定、回报较好等特点的，大概率是不错的基金。本章我们提供的都是相应的具体方法。

第一节
挑选基金的一般原则

| 文　孙振曦

大部分人对金融投资没有那么熟悉,也没有特别的偏好。最多可能是对投资收益率和风险两者的平衡有一些要求,那么我先简单提几点基本原则,包括但是不限于以下几条。

第一,选择成立时间比较长的基金。因为成立时间比较长,就有比较长的历史业绩可以参考。当然,过去的业绩不能代表未来的业绩,但如果没有可参考的历史业绩,就更加无从考量基金质量。所以历史业绩是判断基金好坏的基础指标之一,我们需要在这个基础上做精细挑选。

第二,选择中等规模的基金,不要太大,也不要太小。这一点我反复强调过,太大的会影响投资效率,太小的抗风险能力比较弱。基金规模中等的意思就是规模处于几十亿元到100亿元区间,这样的体量是最好的。当然现在也有少数几只基金规模非常大,同时回报也非常好,算是例外。

第三,选择比较好的基金经理,主要看两个方面。一方面,选择管理同一只基金已经比较久的基金经理。比如某只基金已经成立了8年,最近5年一直是这一个基金经理在做管理,那么我们可以认为过去5年该基金的历史业绩是非常具有参考性的。尤其当这个基金经理是从上一轮牛市开始就管理这只基金,其间经历了2014—2015年的牛市,还有2016—2018年的熊市,目前为止在基金经理的任上,业绩回报也非常好,那么这样的基金经理其实是非常优秀的,经验丰富,回报可观,非常了不起。另一方面,我们也要看一下这个基金经理在长期的职业生涯中,管理的其他基金的业绩回报,从侧面验证他在这只基金上的回报是不是稳定可靠。总之,在主动型的股票基金和混合基金上,选择基金和选择基金经理都是非常重要的,下文还会展开来为大家讲解。

第二节
如何快速筛选好基金？

| 文　孙振曦

选好基金就像选一个优等生，或者你也可以把它比喻选好的结婚对象。选对象你会去看这个人长期以来人品如何，平时的为人处世是不是稳妥。选基金也是一样的，要看它的长期业绩回报是不是足够好，足够稳定。

因此，我一般不太会推荐个人投资者买新基金，因为即便这个基金经理非常强，长期业绩保持非常好，他新开基金时操作手法以及心态是否会变化，也没法判断。

因此，我选基金一般会选择相对比较老的基金，尤其是那些受到某位基金经理管理已经非常久的基金，一般来说这个时间最好设置在五年以上。

我们要怎么样把这些好的基金选出来呢？一个比较简单的方法是把所有基金的历史回报都列出来，做一个表，然后做一定的筛选。假设有4000只左右偏股型公募基金，把所有的业绩回报列出来之后，根据不同的时间节点去选择，比如过去3个月、6个月、1年、2年、3年、5年里面排名都在前25％或者前30％的基金。这样就能把长期业绩比较好的基金都选出来，从理想上来说，这其实是非常好的方法。我自己就会做这样的初步筛选，去框定一些基金，然后在这些基金当中再去细细地筛选。但是很多读者给我的反馈是，让普通的个人投资者做这样的筛选工作是比较困难的，只有非常少数的人愿意去做这个工作，去把所有的基金都筛选一遍。

那么这里我给大家提供一个比较容易操作、能够满足需求的简易版本。前面讲的筛选法，目标在于把所有符合条件的好基金全部选出来，但退一步来考虑，作为普通的基金投资人来说，不太需要把所有好的基金都选出来。就像我们去选对象一样，选一个合适的结婚对象，不需要把城市里几十万、几百万的适婚异性全部列出来，然后去做筛选，只需要去适当的场合做社交，就有机会碰到适合自己的人。选基金也是一样的道理，我们应该去选择一些合适的平台去搜索好基金，在哪些地方可以看到好基金呢？天天基金网、支付宝理财页面，或者其他基金网站的首页，就有很多好的基金推荐。每隔一段时间就去看一看，然后把这些好的基金记下来，先不要去投，但你可以把它们记下来作为备选的基金。

你可以先选出几十只这样的基金，建立备选基金库，然后再逐一进行考察，就像考察对象一样，把细节一点一点剥开来看。

当你选择基金的时候，可以去天天基金网搜索，里面有很多数据和信息，对照下面的步骤，用电脑浏览器打开天天基金网，逐一操作一遍。

第一，看基金规模。不建议大家选择规模太小的基金，至少选择10亿元以上的。为什么基金规模很重要呢？因为如果基金规模太小，意味着这只基金抗风险能力比较弱，当它面临大量赎回，在管理上的操作就会变形，不太利于基金业绩平稳地往前走。

第二,看基金的评级。有很多基金评级公司会基于风险、回报等因素的模型去考虑基金的综合评级,那些3年、5年或者10年里,综合表现很好、排在市场前列的基金评级会更高一点。如果有基金能获得四星或者五星的评级,那么综合来看它是不错的。市场上有很多基金评级机构,如果有多家公司对同一只基金的评级都比较高,就更有理由认为它是一只不错的基金。

第三,看历史业绩。在很多手机App或者网站上,一般看到的历史业绩都是根据当下时点来做回溯的,比如最近1周、3个月、2年、3年、5年等。实际上,看历史业绩最好是看它每一年的业绩怎么样,并且将每一年的数据综合起来看,才更有代表性。天天基金网在这点上做得比较好,它会把年度涨幅的数据都展示出来,当然其他一些基金网站也有。

要怎么看它的年度涨幅呢?比如说最近五六年时间里,它的表现是不是在绝大部分年份中都排在市场前列。有一个四分位指标,就是把所有排名做个划分,排在同类基金的前25%、第二个25%、第三个25%和第四个25%。如果某只基金在过去5年当中,有三四年都是排在最前面,而另外一年或两年稍微差一些,我们可以认为这只基金总体上还是不错的。总之,就是这只基金在比较长的时间里,大部分时间表现不错,即使偶尔有些失手,我们也认为这只基金是不错的。

第四,看基金经理的变动情况。为什么要关注这点呢?因为某只基金可能过去五年的表现都非常好,比如2016年、2017年、2018年、2019年连续四年排名前列,但是这只基金在2020年换了基金经理,那么我们就有理由怀疑它在2020年未必能延续前面四年的业绩,因为这只基金的管理人变了。买基金就像去餐厅用餐,如果厨师变了,餐厅的菜口味能不能一如既往地好,就很有疑问了。新基金经理需要更长的时间去验证实力,所以我不太喜欢新任基金经理管理的基金,因为我看不到它历史表现的稳定程度。

如果基金经理管理现在的基金比较久,业绩也比较稳定,你最好还要点进去看一下这个基金经理历史上管理过的其他基金,在他任职期间的表现怎么样。我们不是看绝对回报,因为有的时候市场行情不好,有可能所有的基金经理都在亏损,我们要去看相对回报,也就是他管理过的基金相对于其他同类基金的排名。把他管理过的基金一个一个点开来看,用刚刚的方法再筛选一遍。经历了基金规模、基金评级、基金历史业绩和基金经理这四道关的筛选之后,前面的基金库中可能只有两三只符合你的条件,那么这两三只基金就是比较适合去投资的好基金。就像结婚对象经过了你的重重考验之后,满足了你的要求,才是适合的对象。

这样的选择就比较简单,并不需要把所有的基金从头到尾、自上而下都筛选一遍,选择出来好几十只基金,那样就比较复杂了。

上面这种方法也适用于别人推荐了你一只好基金后,你去验证它是不是真的是一只好基金。

另外,还有一种比较好的基金选择方法。表 3-1 是我认为过去五年总体表现非常好的基金经理的名单(收益率数据截至 2020 年年底),你也可以顺着这个基金经理的名单去选择他们管理的基金。

表 3-1　过去基金业绩表现较好的基金经理(截至 2020 年年底)

基金经理	基金公司	从业年限	管理基金总规模	代表基金5年晨星评级	从业年均收益率
王崇	交银施罗德	5 年 306 天	196.15 亿元	★★★★☆	31.84%
杨浩	交银施罗德	5 年 9 天	237.86 亿元	★★★★★	31.74%
谢治宇	兴全基金	7 年 207 天	307.19 亿元	★★★★★	28.16%
黄兴亮	万家基金	6 年 67 天	213.84 亿元	★★★★★	26.77%
王培	中欧基金	7 年 272 天	215.17 亿元	★★★★★	26.34%
何帅	交银施罗德	5 年 46 天	187.08 亿元	★★★★★	25.42%
曹晋	富国基金	7 年 2 天	39.87 亿元	★★★★☆	24.30%
萧楠	易方达基金	6 年 278 天	308.37 亿元	★★★★★	22.49%
刘格菘	广发基金	6 年 131 天	821.32 亿元	★★★★★	22.36%
朱少醒	富国基金	14 年 283 天	142.60 亿元	★★★★☆	22.19%
刘彦春	景顺长城	10 年 22 天	346.48 亿元	★★★★★	21.48%
张坤	易方达基金	7 年 330 天	522.51 亿元	★★★★★	20.29%
周蔚文	中欧基金	11 年 247 天	238.82 亿元	★★★★☆	19.12%
陈皓	易方达基金	7 年 330 天	427.15 亿元	★★★★☆	19.12%
傅友兴	广发基金	7 年 200 天	386.85 亿元	★★★★☆	17.42%
董承非	兴全基金	13 年 177 天	469.57 亿元	★★★★★	16.43%

同时再用前面的这些方法,去筛选一遍,看看最近这段时间他们的持续业绩是不是仍然优秀。

总结一下,筛选基金的办法比较像我们相亲的过程,我们要从第一印象开始去框定一些备选对象,框选的备选对象要足够多,然后做第一印象的筛选,从中选出一部分来,再通过各种方法去深入地了解它们的方方面面,最后才选出来两三个不错的最终备选。

第三节
四大指标,手把手教你筛选指数基金

| 文　伍治坚

一、主动投资和被动投资的区别

在我们挑选任何基金之前,首先要明白一个很重要的概念,那就是主动投资和被动投资。所有的基金都可以被归类为主动型基金或者被动型基金。因此我们首先需要明白主动投资和被动投资的定义,然后才能理解主动型基金和被动型基金的区别。

我们先来讲什么是被动投资。简而言之,被动投资就是持有市场。如何理解"持有市场"这个定义?让我们来做一个假设,想象你是一个超级大富豪,拥有全世界所有上市公司的所有股票。这些股票加起来,一共值90万亿美元左右。由于你是这些公司的股东，因此你每年可以获得分红。同时，如果这些公司的股价上涨，那么你的净财富也会水涨船高。在这个财富增长的过程中，你不需要做任何事情，只需要继续持有这些股票就行了。在这里有一个关键词，是"被动"。那就是你什么都不用做，坐享其成。这恰恰是"被动投资"的名称的由来。你的财富增长主要来自这些公司的赢利增长，继而带动股价上涨和公司分红。其背后的逻辑是只要世界人口不断增加、GDP不断上涨、经济不断发展，公司的赢利就会增加，股东的财富水平就会和他拥有的公司市值同步上升。

被动投资为什么吸引人，主要有以下几个原因。第一，被动。那就是我们什么都不用做，就有机会赚钱。第二，有很强的经济逻辑。公司的市值增长反映的是基本面的经济增长，这个财富增长是实打实的，而不是充满投机性的无中生有。只要人类科技进步，生产力提高，这个财富增长就会继续。从历史上来看，世界经济确实是遵从这个规律而发展的。第三，主动投资很难战胜被动投资，意思是即使你花了大力气去做各种投资活动，最后的回报还不如被动投资这样的懒惰方法。标普公司的研究显示，回顾过去20年的美国股票市场，能够战胜指数的基金，不到10%。也就是说，差不多九成的主动型基金，都无法战胜被动型资金。在中国，平均来讲，过去15年（2006—2020年）公募基金业绩好于沪深300指数，但是在过去3年（2018—2020年），公募基金的平均业绩和沪深300指数不相上下。这说明在相对有效性不如美股的中国市场，基金要想战胜市场也变得越来越难。基金经理尚且如此，普通散户投资者就更不用说了。

虽然在现实中，没有人能够拥有全世界所有上市公司的所有股票。但是被动投资的逻辑是相通的，适用于每个人。那么我们如何实现这种被动投资目标呢？指数基金的价值，就在这里体现出来了。

二、指数基金的特点

指数基金或者 ETF，提供了一个廉价、方便的工具，让我们足不出户就可以购买全世界所有的股票，成为这些公司的股东，并且享受这些公司市值增长和分红带来的收益。注意，这里说的指数指的是市值加权指数。原因在于：被动投资的初衷，是通过一种简单廉价的手段，来成为市场上一揽子上市公司的股东，并且在购入以后什么都不用做。唯一符合上述"被动"标准的，只有市值加权指数。市值加权指数反映的是整个市场的市值变化，购买了市值加权指数基金的投资者，其财富增长和市场规模的上升下降是同步的。整个市场规模变大、市值增加，投资者的财富会以同比例增长，反之亦然。而其他不同类型的指数，都做不到这一点。

在这里，和大家稍微解释一下指数基金和 ETF 的异同。对于门外汉来说，我们可以把 ETF 理解为指数基金的升级版。如果说指数基金是以前家庭用得比较多的大彩电，那么 ETF 就是我们现在普遍使用的挂墙式超薄平板电视。和指数基金相比，ETF 给投资者提供更多的便利，比如在日间有实时交易价格、支持 T＋0 结算、成本更低、流动性更好等。由于 ETF 是在交易所上市的，因此我们可以像买卖股票那样方便地买卖 ETF。

下面主要向大家介绍一下如何筛选 ETF，相同的逻辑也可以被运用在筛选指数基金上。

ETF 的投资目标就是复制指数的回报，因此在我们购买任何指数基金之前，先要搞清楚基金追踪哪个指数，该指数有哪些投资范围和特点。我用

A 股中的股票指数作为例子为大家解释一下。

在 A 股中,比较主流的股票指数有:

上证 50 指数,包括上海证券交易所市值和交易量最大的 50 只股票;

上证 180 指数,包括上海证券交易所市值和交易量最大的 180 只股票;

沪深 300 指数,同时包括了上海证券交易所和深圳证券交易所 300 只市值和交易量最大的股票;

中证 500 指数,包括市值和流动性排名介于 301 到 800 之间的 A 股股票;

如果我们将沪深 300 指数与中证 500 指数相加,就可以得到中证 800 指数;

而上证综合指数和深证综合指数,分别包括了在上海证券交易所和深圳证券交易所上市的所有股票。

除了这些比较主流的主板指数之外,比较常见的股票指数还包括创业板指数、中小板指数、科创板指数等。

由于这些指数选取的成分股不同,因此其代表的主要行业也有很大不同。举例来说,上证 50 指数主要是金融指数,其中银行和非银行金融企业占到 65% 左右。相对来讲,沪深 300 指数的行业分布更广。而中证 500 指数选取的是中小盘股,因此其行业分布更加偏向医药生物、房地产、计算机等。

既然这些指数涵盖的投资范围都不太相同,那么我们应该选取哪个指数 ETF 作为我们投资的对象呢?要回答这个问题,我们可以从下面几个角度来考虑。首先,尽管这几个指数都不太相同,但由于它们都是市值加权指数,其回报的相关程度是很高的。举例来说,从过去 10 年(2011—2020 年)的历史来看,上证 50 指数、上证 180 指数和沪深 300 指数之间的相关系数都很高,接近1。其主要原因在于,这三大指数涵盖的股票都是沪深两市中市值最大的那些公司,指数间的涵盖面高度重合,因此价格波动幅度十分接近。

和三大指数回报有显著差别的是中证500指数。主要原因在于该指数选取的是中等市值规模的股票,和前三大股票指数没有重合面。因此如果投资者想要较全面地覆盖中国股市,比较好的选择是购买一只沪深300指数ETF加一只中证500指数ETF,这种组合可以覆盖几乎所有的大市值和中市值公司。

当然,如果想要再进一步将投资领域延伸到小市值股票,那么也可以考虑加入中小板指数ETF和创业板指数ETF。从理论上来说,股票的市值越小,其风险就越高。如果市场是有效的,那么风险和回报成正比,因此坚持投资小市值股票就能够获得超额回报。举例来说,从2010年6月初到2020年6月初的10年时间里,代表大市值股票的沪深300指数年化收益率为3.8%左右,而同期创业板指数的收益率为每年7.7%左右,差不多是沪深300指数收益率的2倍。但是我们不要忘记,高回报的另一面是高风险。比如在这10年里,沪深300指数的最大回撤为45%左右,发生在2015年年底和2018年年底市场大跌时;而创业板指数在2018年年底的最大回撤,则达到了近70%。沪深300指数的年波动率为47.8%,而同期创业板指数的年波动率为66.4%,比沪深300指数高出20%左右。

回撤70%是什么意思?就是你在股市里投了1万元,浮亏7000元,账面上只剩下3000元。有多少投资者能够经受住这样的波动?我记得当时有好几个朋友比较热衷于炒创业板,结果跌到40%~50%时,晚上已经睡不着觉,整天忧心忡忡了。到现在我还没有遇到有哪个投资者能够完整地走过那个周期而不忍痛割肉的。

值得一提的是,小市值股票带来的超额回报,指的只是长期投资维度下的平均回报。如果我们把长期的投资维度切割成不同的时段,就会发现在不同时期,风水轮流转,小市值股票和大市值股票各领风骚。在某一阶段小市值股票表现更好,而在另一个阶段则相反。也就是说,过去10年中国的小市值股票平均收益率更好,但这并不能代表未来10年投资这些股票能够继续获得更好的回报。

三、如何筛选指数基金?

在选定了自己中意的指数之后,接下来我们就需要筛选追踪这些指数ETF。很多时候,对同一个指数,有多达几个,甚至十几个不同的ETF在追踪。那么在这种情况下,我们如何对比和选择呢?在这里,我为大家介绍一些筛选ETF的指标。

(1)ETF资产规模:在其他条件相同的情况下,投资者应该选那些资产规模更大的ETF。

(2)ETF费率:在其他条件相同的情况下,投资者应该选那些费率更低的ETF。这里的费率包括每年的管理费和托管费。

(3)ETF历史:一般来说,投资者应该尽量选那些历史比较长的ETF,新发行的ETF最好不要买。

(4)管理ETF的基金公司:我们应该尽量选取那些规模比较大,历史比较长的ETF基金管理公司。

除此之外,我们还可以看ETF的跟踪误差、交易流动性、指数复制方法等。但是这些指标更适合机构投资者。对于个人投资者来说,主要比较一下上面四项指标就够了。

接下来,我用一个简单的例子来教大家如何筛选ETF,在这里以A股中的ETF为例。首先,我们将所有ETF的名称及相关信息,包括它们的成立时间、规模、费率等,下载到一张表格里,一共有260多只。其次,设置筛选条件,筛选出符合标准的ETF。在这个例子中,假设我们只选择股票型ETF,筛选条件为成立时间6年以上,且市值大于10亿元。基于筛选出的ETF,我们就可以构建投资组合。但读者需要注意的是,上面提到的筛选,并不是一个一次性的工作。由于ETF市场一直在不断变化,经常会有新的ETF出现,有老的ETF被关闭,每只ETF的相关指标也会时常发生变化,因此我们需要定期对这些ETF做跟踪检查。我们需要基于最新的数据,不断地做系统性排序和筛选,定期更新,这样才能保证我们的ETF组合达到最优。

第四节
如何用业绩基准去判断主动型基金?

| 文　伍治坚

在上一节内容中,我和大家讲了什么是被动投资,以及如何挑选被动型指数 ETF。本节内容,我会为大家讲解如何挑选主动型基金。

一、主动投资的特点

首先,让我来为大家深入分析一下什么叫主动投资。主动投资的关键词是"主动"。也就是说,你得"有所为"。主动投资的目的是战胜市场平均收益率,也就是基准指数的收益率。

主动投资有一个非常重要的特点,那就是零和博弈。首先,在一个市场里,有成千上万的参与者。这些参与者包括公司管理层、公募和私募基金、养老基金和社保基金、广大散户股民等。所有这些投资者的投资回报综合起来，一定是市场平均回报，或者也可以称之为市值加权指数回报。因为这个市值加权指数，衡量的就是市场中所有人综合起来的平均回报。然后我们假设，其中有一部分人比较聪明，或者运气比较好，获得了超越市场平均水平的超额回报，也就是主动投资中的赢家。那么从数学上来说，一定也有另外一部分人，他们成了失败者，其投资回报不如市场平均回报。这就是主动投资零和博弈的本质：有人赢，就一定有人输。有人战胜市场，那就一定有人的投资回报不如市场。因此当我们在挑选主动型基金的时候，其实就是在挑选市场中的赢家。如果我们挑对了，那么基金可以带给我们超过平均水平的回报。但是如果我们挑走眼了，那么就会被自己的错误惩罚，获得比市场平均水平更差的回报。

那么如何去赢得一场零和博弈呢？我在这里用世界杯足球赛决赛的例子来帮助大家更好地理解其中的道理。世界杯足球赛的决赛，是一个典型的零和博弈。有球队赢得冠军，就一定有另外一支球队输掉了比赛。要想赢得比赛的胜利，光是踢得好还不够，关键是要比别人踢得更好。如何才能比对手更优秀呢？在足球比赛中，我们可以做这些努力，比如招募优秀球员、潜心研究战术并提高战术水平、配备更好的装备、提高训练水平等。当然，这个竞争是全方位和动态的，光提高自己的实力还不够，关键要提高到比对手更出色的水平，才有可能赢得冠军。

在投资活动中，要想战胜市场，这背后的逻辑是类似的。以一个基金公司为例，要想超越别人、战胜市场，需要满足多方位的条件，比如优秀的分析师团队、高效的后台支持、出色的交易团队、大量的交易和分析数据、领先的IT设施以及积极的市场宣传等。这里的每一项条件，都需要资源和成本，也不是一天两天就能一蹴而就的。这也是为什么，到最后能够真正战胜市场的，特别是在扣除了相关费用后还能战胜市场的，总是那极少数的一部分。考虑到各种交易费用和进入市场的成本，绝大多数参与者是无法战胜市场的。基金也一样，能够连续多年持续战胜市场的主动型基金，是非常稀少的。

二、主动投资的三个层级

大致来讲，主动投资活动可以被分为以下三个层级。第一，选股。绝大部分主动型股票基金，其核心的投资行为就是选股，也就是从所有的上市公司股票中选出基金经理认为更好的股票。选股的目的是挑出将来表现更好的股票，剔除将来表现更差的股票，以获得比股市指数更好的投资回报。第二，选行业。这类投资方法，其投资的关键并不在一只或两只单独的股票上，而在于对行业的把握。有一种说法叫作"投赛道"，那就是看准某一个行业，然后把其中最主要的公司都投一遍。举例来说，基金经理看好家电行业，但是他不确定哪一只股票表现得最好。于是，他把格力、海尔、美的、长虹、海信、春兰等都买一遍。到最后，只要家电行业比其他行业表现得更出色，他的投资决策就能收到回报。第三，资产配置。资产配置，也可以被理解为择时，是在顶层做股票、债券、现金等大类资产之间的资金如何配置的决定。为什么把资产配置称为择时呢？因为如果基金经理看好股票，那么他可以选择重仓股票，轻仓债券；反之，他可以选择轻仓股票，重仓债券。这些决策的背后，体现的是他对于接下来市场运行方向的判断。很多A股中的混合基金经理，都需要在顶层做资产配置的决定，那就是判断其基金中应该配多少股票、多少债券。

不管是选股、选行业，还是择时做资产配置，这些行为都是为了战胜一个基准指数，比如沪深300指数。如果连指数都不能战胜，那就没有必要去费时费力地选股选行业了，买一个低成本的指数基金就行了。

三、用业绩比较基准检验基金

接下来我和大家展开讲讲，如何判断一个主动型基金经理的投资能力。在做判断之前，我们首先需要定一个基准，或者说评判的标准，否则公说公有理，婆说婆有理，很难讲清基金经理究竟表现得好还是不好。

在每只基金的宣传材料中，都会有业绩比较基准这个概念。比如某基金的业绩比较基准是中证500指数收益率，说明最后应该拿该基金的回报和中证500指数进行对比，并以此作为判断该基金收益率好坏的标准。这个业绩比较基准非常关键，因为它会告诉你很多重要信息，包括该基金的投资范围和相对应的投资风险。比如，某基金的业绩比较基准是中证800指数收益率×70％＋中证综合债券指数收益率×30％。这就说明这是一只混合基金。在一般情况下，基金经理会把70％左右的仓位配股票，30％左右的仓位配债券。在股票部分，基金经理主要在800家市值规模和流动性最好的上市公司里选；在债券部分，基金经理的投资范围涵盖在沪深证券交易所及银行间市场上市的、剩余期限1个月以上的国债、金融债、企业债、央行票据及企业短期融资券。因为是7∶3的配置比例，所以该基金的风险程度高于债券基金，但低于纯股票基金。在购买任何一只基金前，我们都应该先了解该基金的业绩比较基准。

在这里值得一提的是，当我们在检验基金的超额回报时，有这么几个重要的考量。第一,基金至少要有3年历史。一般来说,如果基金年龄达到了3年,我们可以开始把它列入观察列表。然后等基金年龄达到5年之后,才开始认真考虑是否要购买该基金。这主要是因为很多时候基金在某几年的回报是充满偶然性的,其中带有很多的运气成分。因此,因为基金在短短几年内回报好而去购买,或者因为基金在短短几年内回报不好而摒弃它,都不够客观公正。这个标准也意味着我们应该避免购买那些新发的基金。因为新发的基金没有任何数据可供分析,缺乏一个客观的衡量标准,我们应该避而远之。第二,基金需要有一定的规模,比如10亿元以上。这是因为当基金经理管理一个规模比较小的基金和一个规模比较大的基金时,其操作的思路、策略以及风险控制都是不同的。越是规模小的基金,其业绩回报往往带有越大的偶然性,有时候其回报可能来自一两只"妖股"。我们应该只考虑那些管理规模超过一定门槛的基金。第三,基金的回报充满偶然性。很多时候基金历史业绩好,并不代表其未来业绩也会继续好。因此,上面提到的方法,不能保证我们一定能选到将来业绩好的基金,但至少可以帮助我们排出一些投资的雷,避免我们买到那些明显"坑爹"的基金。

第五节
用晨星投资风格箱,剔除风格漂移的基金

| 文 伍治坚

什么叫投资风格呢?我们平时在财经媒体,或者一些基金宣传材料中,经常可以看到"中小盘""价值型""成长型"之类的字眼,它们说的其实就是基金的投资风格。在股市中,有数以千计的股票,它们在不同的板块上市,分布于不同的行业中。任何一个基金经理都不太可能面面俱到,对每一个行业的每一家公司都研究透。也就是说,任何一个基金经理擅长的投资范围,都是整个股市的一个子集。投资风格,其实界定了基金经理的投资范围,能让投资者更加精确地了解基金经理擅长的地方,便于我们对其做更加科学的评判。

那么我们如何来界定基金经理的投资风格呢?我在这里,向大家介绍一个非常有用的工具,叫作晨星投资风格箱。这个晨星投资风格箱,可以让我们很直观地了解一只基金的投资风格。晨星是一家总部位于美国芝加哥

的投资研究机构,其业务范围涵盖投资咨询、基金研究等各个领域。晨星的拳头产品之一就是针对公募基金的评级系统,而晨星投资风格箱是该评级系统最重要的组成部分之一。在投资风格箱中,晨星会把股票基金和债券基金的投资风格归入一个3×3的九宫格中,该九宫格能够帮助我们直观地看到基金的投资策略和风格。

晨星针对公募基金设计的投资风格箱,共有两大类:股票类和债券类。让我先来给大家介绍一下股票基金的投资风格箱。

一、股票基金的投资风格箱

首先,如图3-1所示在九宫格的横轴方向,晨星将股票基金分为价值型、平衡型和成长型。然后,在九宫格的纵轴方向,晨星又将这些基金分类为大市值、中市值和小市值。到最后,任何一只基金都会被归入九宫格中的一个格子,比如大市值价值型基金、小市值成长型基金等。

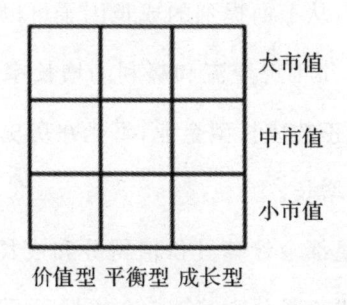

图 3-1 股票基金的晨星投资风格箱

下面我们来介绍,价值型基金和成长型基金分别是什么,它们之间有何区别。要把这个问题说清楚,我们首先要搞清楚,什么叫价值型股票,什么叫成长型股票。

从2002年开始,晨星引入了一个"10因子"模型,来计算一只股票的价值得分和成长得分。这10个因子中:5个属于价值因子,包括预期每股收益价格比、预期每股净资产价格比、预期每股收入价格比、预期每股现金流价格比和预期每股红利价格比;另外5个属于成长因子,包括预期每股收益增长率、每股收益历史增长率、每股收入历史增长率、每股现金流历史增长率和每股净资产历史增长率。

从这些因子中,我们不难看出,一只股票的价值得分主要取决于公司未来的净资产和赢利与公司股价的比率。这个比率越高,说明公司目前的股价越便宜,股票也越符合价值投资的要求。注意这里有一个关键词——预期,就是说最重要的不是公司现在的,而是未来的净资产和赢利,因为买股票本质上是购买对于未来的预期。对于任何一只股票来说,如果其未来的赢利和净资产会变得更大,那么相对于现在的价格来说,这只股票就是便宜的,因此其价值得分也较高。

再来说说成长因子,从上面提到的成长因子可以看出,一家公司的成长得分主要取决于其过去几年现金流和赢利的增长率,以及未来几年的预期增长率。就是说一家真正的成长型企业,不光在历史中增长迅速,在未来的几年还能继续保持高速增长。

对于每只股票,晨星都会计算其价值得分和成长得分,价值得分基于5个价值因子来计算,而成长得分则基于5个成长因子来计算。然后将股票的成长得分减去价值得分,就能得到股票的风格得分,其分值在−100分到100分之间。当一只股票的风格得分大于或等于成长门限值时,晨星将其定义为成长型股票;而当一只股票的风格得分小于或等于价值门限值时,晨星将其定义为价值型股票;而对介于上述两个门限值之间的股票,晨星将其定义为平衡型股票。以大市值股票为例,如果风格得分低于-15分,那么该股票会被归类为价值型股票;如果风格得分介于-15分和25分之间,该股票会被归类为平衡型股票;而如果风格得分高于25分,那么该股票会被定义为成长型股票。

在确定了每一只股票的风格之后,晨星会根据基金的持仓来计算基金的风格,最终基金的投资风格,将由一个加权公式得出的风格分值来决定。简而言之:如果基金持仓中的价值型股票更多,那么该基金就会被归入价值型基金;如果基金持仓中的成长型股票更多,那么该基金就会被归入成长型基金;如果两者兼而有之,则会被归入平衡型基金。

这个归类方法意味着:基金的投资风格是可能会变化的。理论上来说,基金的持仓每时每刻都在发生变化。如果在月末统计基金的持仓,可能会发现跟上个月相比,其持有的股票发生了不小的变化。因此,基于持仓的投资风格,也会随之变化。在基金行业里,有一个专业术语,叫作风格漂移,说的就是基金经理的投资风格会发生变化。比如本来该基金经理专注于挑选大市值价值型股票,后来改成小市值成长型股票,再后来又变成中市值平衡型股票。基民投资者应该警惕基金经理发生风格漂移所带来的投资风险。

接下来我们再来说说晨星是如何定义区分大市值、中市值和小市值基金的。和上面的逻辑类似,首先要把晨星对于大中小市值股票的定义说清楚。晨星首先将一个国家或地区的股市中所有的股票按照其市值从高到低排序。排完序后,将总市值排序的前70%中包含的股票,定义为大市值股票;将接下来的20%中包含的股票,定义为中市值股票;最后剩下的10%中包含的那些股票,被归类为小市值股票。在每只股票有了规模分类后，晨星再根据基金的持仓，将基金归为大市值基金、中市值基金和小市值基金。

在完成了横轴面投资风格和纵轴面基金规模的归类后，任何一只股票基金，都可以被归入这样一个3×3的九宫格。

下面，我用几个实际例子，帮助大家更好地理解这个概念。在晨星中国网站，我随机选了一只股票基金，招商移动互联网产业股票基金（001404）。说明一下，我这里以及下面举例的基金，都只是作为案例帮助大家理解，并不是推荐大家购买。

说回正题，我们可以看到，基于2020年6月30日的基金持仓数据，该基金被归类为大市值成长型基金。也就是说，基金持仓的股票绝大部分都是大市值成长型股票。从该基金的宣传材料中我们获知，该基金的投资重点在于和移动互联网产业相关的上市公司，业绩比较基准是中证移动互联网指数收益率×80％＋中债综合指数收益率×20％，基金最大的持仓股票，包括立讯精密、歌尔股份、雅克科技这样的移动互联网产业股票。基于这些信息，我们可以判断得知，该基金是典型的高风险基金。如果购买这只基金，我们应该了解该基金的回报和互联网产业息息相关。过去的历史回报，恰恰体现了这个特点。比如2016年和2018年都属于互联网行业的寒冬，很多互联网相关企业股价下跌，而该基金在2016年和2018年分别下跌了30％和31％。而到了2019年和2020年，互联网企业股票开始复苏。截至2020年10月底，该基金在2019年和2020年分别上涨了48％和35％，恰恰体现了行业的周期变化。

再来看另外一个案例，招商中国机遇股票基金（001749），该基金的投资目标是那些在中国战略机遇期有望快速发展的上市公司。单从基金的名字和投资目标来看,我们很难判断该基金的投资范围和策略。但是基于该基金 2020 年 6 月 30 日的持仓信息,晨星投资风格箱显示,该基金属于大市值成长型基金,其业绩比较基准是沪深 300 指数×80%＋中证全债指数×20%。所以本质上来说,该基金主要投资 A 股主板的大市值股票,主要目标是战胜沪深 300 指数。基金经理主要挑选那些成长型股票来试图超越沪深 300 指数,其业绩表现会和大市值成长型股票有比较高的关联性。

二、债券基金的投资风格箱

接下来,再为大家简单介绍一下晨星对于债券基金的分类方法。对每一只债券,晨星都会从两个维度进行分类。

第一个维度,是该债券价格变化相对于利率变化的敏感度。债券价格变化对于利率变化的敏感度,主要受债券久期的影响。晨星将这些债券分为有限、普通和高度三类,三者之间的主要区别在于久期的长度不同。

第二个维度,基于债券的信用评级,晨星将它们分为低评级、中评级和高评级三类。级别越高,信用评级越高,表示债券越安全,违约风险越低。

然后,和股票基金类似,晨星会根据债券基金的持仓,来决定债券基金的分类。

三、了解基金投资风格的好处

在实际的投资活动中,了解基金的投资风格对我们有什么价值呢?

第一个价值,帮助我们对基金的回报有一个比较现实的期望。举例来说，投资风格为成长型的基金一般都持有估值比较高的股票，集中在互联网、医药等高估值行业，这主要是因为基金经理相信这些公司的成长速度高于市场平均成长速度；投资风格为价值型的基金，一般多持有价格较低的股票，集中于像金融、制造这样的低估值行业，基金经理相信这些股票价格低是暂时的，迟早会发生均值回归，达到更高的价格。大致来讲，晨星投资风格箱左上方的大市值价值型基金承担的风险较低，而右下方的小市值成长型基金承担的风险较高。大致的风险程度是自左向右，从上往下递增。成长型的基金，其回报和成长型股票有很大的相关性。比如上面提到的招商移动互联网产业股票基金就是一个很好的例子：当行业处于向上增长的周期时，基金的回报非常好；但是当环境发生逆转，行业进入寒冬衰退期时，表现就相当糟糕。

第二个价值，投资风格可以帮助我们采用比较客观的基准，来衡量基金经理的投资表现。比如某个基金经理管理的 A 基金为小市值价值型基金，那么我们在衡量该基金的投资业绩时，就应该用一个小市值价值指数，而不是用沪深 300 指数去和这位基金经理的投资业绩做比较。这样的比较方法，能够帮助我们纠正基准的偏差，让我们对基金经理的投资水平有更加客观的认识。

第三个价值，投资者可以根据投资风格箱来分析基金可能发生的风格漂移问题。举例来说，汇添富价值精选混合基金（519069）的投资目标是价值相对受到低估的优质公司股票。从这个投资目标来看，该基金应该主要是一个价值型基金。但是基于 2020 年 6 月 30 日该基金的持仓，晨星投资风格箱显示，该基金属于大市值成长型基金，主要原因在于该基金持有的很多股票都属于成长型，而非价值型。这些信息表明，该基金的投资风格已经发生变化，有可能偏离一开始基金宣传的投资策略。这种情况值得我们投资者警惕并做进一步调查分析。这是因为任何一位基金经理的投资能力都有一定的界限，风格漂移意味着这位基金经理在自己擅长的领域之外从事投资活动，承担了他不熟悉的领域的投资风险。基金经理发生风格漂移，最可能的原因是他熟悉的股票表现不佳，而另外一些股票表现非常好。在投资业绩的压力之下，基金经理放弃自己擅长的投资领域，去追逐那些价格上涨更快的热门股。这种行为很可能会将他管理的基金带入投资泡沫最大的行业板块，导致基民投资者在未来的投资回报受损。因此如果发现这种现象，广大基民投资者需要警惕。

第六节
别小看基金费率,它也许是你唯一掌握主动权的地方

| 文　伍治坚

本节主要为大家讲一下基金费率这个概念。在和很多投资者朋友聊天的过程中,我经常听到这样的论调:那只基金收多少费用,我不是很关心,关键我拿到手的净回报足够好就可以了。相信这也是很多个人投资者普遍的认识。这种想法究竟有没有道理呢?

一、基金的投资回报从哪里来?

在把这个问题说清楚之前,我们首先需要分析另一个问题:基金的投资回报从哪里来?以股市为例,我为大家简单回答一下这个问题。大致来说,投资回报的来源有两个。第一,贝塔。贝塔的意思就是股市整体的平均收益率。举例来说,也就是从 2000 年到 2019 年,中国 A 股股票在扣除通胀后

的收益率为每年9.6%左右。贝塔的特点,是市场充满波动,投资者需要跟着大盘一起大起大落。同时,获得市场平均回报几乎不需要任何投资技能,购买一个低成本的指数ETF,耐心持有就可以了。第二,阿尔法。如果基金经理管理的基金产品,能够获得比上面提到的贝塔更好的投资回报,那么这部分额外的投资回报就体现了基金经理真正的投资技能,即他的阿尔法。

为什么要把投资回报分成阿尔法和贝塔呢?原因在于,在目前的金融市场,任何一个人都能够通过购买一个低成本的ETF,很方便地获得贝塔。比如我们想要买一个沪深300ETF,需要支付的最便宜的费用大概是每年1.5‰的管理费加上0.5‰的托管费,加起来的总费用为每年2‰左右。你不需要支付申购费和赎回费,也不需要支付业绩分成,就能获得市场平均回报。真正值得投资者付出超过1%的费用的投资产品,是那些能够真正产生阿尔法的高质量主动基金。无疑这是非常稀有的。如果付出了很高的费用,却没有获得阿尔法,或者只买到贝塔,那么投资者就当了一回冤大头。

二、基金的高收费会对投资者造成何种伤害?

下面,我们来和大家好好分析一下,基金的高收费会对投资者造成何种伤害。我先来问大家一个问题。如果你想让自己的本金在10年以后翻一番,那么在这10年里,你至少需要达到每年多高的收益率?答案是7.2%[1]。也就是说,让自己的资金每年达到7.2%左右的收益率,持续10年的话,可以让自己的本金翻1倍。我们假设自己找到一只这样的基金,每年的收益率

---

[1] $(1+7.2\%)^{10} = 2$,相当于使本金翻倍。

大概为 7.2%。同时我们假设,基金经理收取每年 1% 的管理费。那么投资者的净收益率就变成了每年 6.2%。在这种情况下,投资者将他本金翻一番需要花费的时间,就变成了 11 年 7 个月。接下来,我们假设基金经理收取每年 2% 的管理费,外加 20% 的收入分成。在基金经理扣除了这些费用以后,投资者拿到手的净收益率变成了每年 4.16%。在这种情况下,投资者本金翻一番需要的时间再次被延长到 17 年 4 个月,比一开始的 10 年长了 7 年 4 个月。

通过这个简单的例子,我们就可以看出,哪怕仅仅是那不起眼的 1% 的收费,假以时日,聚沙成塔,也会给投资者回报带来极大的拖累,妨碍我们获得更好的投资回报。在基金费用这个问题上,我们投资者应该像去菜场买菜的老大妈那样,斤斤计较,货比三家。因为哪怕是 0.1% 的差别,都会对我们造成很大的影响。

三、购买一只基金需要支付哪些费用?

接下来,让我为大家介绍一下,购买一只基金,我们都需要支付哪些费用。第一种费用,是购买或者卖出一只基金时需要支付的一次性费用,包括申购费和赎回费。第二种费用,是我们每年都需要支付的重复性费用,包括管理费、托管费,以及销售服务费。

接下来,我以易方达消费行业股票基金(110022)为例,来帮助大家更好地理解这些概念。先来为大家具体讲讲申购费和赎回费。申购费,指的是我们在购买一只基金时需要支付的一次性费用。申购费的费率,取决于我们购买的资金量。以这只基金为例,如果购买资金量小于 100 万元,那么申购费率为 1.5%。如果购买资金量在 100 万元到 500 万元之间,那么申购费率为1.2%。以此类推,买得越多,申购费率越低。赎回费,指的是我们卖出基金时需要被收取的费用。赎回费的费率,取决于我们买入基金以后,持有多少时间再卖出基金。持有的时间越短,被收取的赎回费就越高。比如在这个例子中,如果买了基金后一周内卖出,那么我们就需要支付1.5%的赎回费。如果在一周到一年内卖出,那么就需要支付0.5%的赎回费。只有持有超过两年再卖出,才不需要支付赎回费。一般来说,我们如果通过银行渠道购买基金,那么就需要支付上面提到的申购费和赎回费,有时候可能会有一些折扣。如果通过一些网络平台购买基金的话,一般都能享受申购费打折。最厉害的时候,有些时候甚至会打0.1折,相当于几乎不用支付申购费。

再和大家讲讲基金收取的管理费。在前文中,我跟大家提到过被动型基金和主动型基金。绝大部分被动型基金收取比较便宜的管理费,大概在每年5‰。而绝大部分主动型基金,收取的管理费更高一些,在每年1%到1.5%。总体上来说,主动型基金收取的管理费,大约是被动型基金管理费的2到3倍。

说完了管理费,再来看看托管费。托管费的分布也呈现出两极化,被动型基金的托管费比较低,大约为每年1‰。而主动型基金的托管费则比较高,为每年2.5‰。

基金销售服务费是基金管理人对基金资产按一定比例提取的费用,主要被用来支付销售机构的佣金、基金营销费用、基金份额持有人服务费。这里需要说明的是,并不是所有的基金都要收取销售服务费,基金收不收销售服务费取决于基金合同。一般来说,不收申购费的部分债券基金和货币基金可能会收取销售服务费。另外,基金销售服务费是每日从基金资产中计提的,也就是说,大家看到的每日收益,实际上已经扣除了销售服务费。

将这两个费率相加,我们就可以得出两种基金每年收取的总费率。平均而言,被动型基金每年的总费率大约在0.6%;而主动型基金由于更高的管理费和托管费,因此每年的总费率也更高,可能会接近2%。

有很多研究显示,基金经理的收费和基金的业绩成反比。比如晨星的一项研究显示,费用比例越低的基金业绩越好,而费用比例越高的基金业绩越差。挑费用较低的基金购买,能够获得更好的投资回报。这个方法,甚至比晨星自己的五星基金评级系统更加管用。

四、如何查询基金的费率?

那么我们应该如何去查询这些基金的费率呢?在现实中有很多途径。比如我们可以去天天基金网查询自己感兴趣的基金相关的费率。登录天天基金网后,在搜索栏中输入自己感兴趣的基金代码,然后点击进入基金页面。在基金页面,我们点击"基金概况",进入概况页面。然后,我们在左边找到"购买信息"。在这个页面,我们就能查到关于该基金的费率。比如,管理费每年1.5%,托管费每年0.25%。

这些信息,在我们购买任何一只基金前,都需要仔细研究。基金费率对于广大投资者的重要性,往往被大多数人所忽视。但事实上,为了提高自己的投资回报,投资者唯一能够掌握主动权的地方,恰恰就在基金费率上。这是因为我们能够拿到手的投资净回报,是投资的费前回报扣除基金费用。对于投资的费前回报,投资者无法施加任何影响。投资者唯一能做的,是反复比较、严格控制基金的费用。大部分投资者最容易犯的错误之一,就是去选那些看上去"高大上"、费率昂贵的基金,由此导致自己的投资回报不佳。

在本节中,我主要为大家介绍了基金费率这个概念,以及时刻注重控制投资成本的重要性。我们在选择基金的时候,应该区分对待基金的阿尔法和贝塔。如果基金无法创造阿尔法,那么我们就应该尽量付出最低的费用,去购买那些最便宜的指数 ETF。

只有那些有能力创造阿尔法的基金,才值得我们付出更高的费用。在接下来的章节中,我会把前面讲的内容综合起来,告诉大家如何把主动基金和被动基金结合起来,构建一个适合自己长期持有的投资组合。

第4章
构建你的基金投资组合

在选择好基金的基础上，我们还需要通过多元组合配置来平衡市场风险。再优秀的基金经理，也很难在整个市场下跌的时候赚钱。比如面临2015年终结牛市的股灾，如果买的全是股票基金和混合基金，前期的赢利会在短时间内回吐，如果以投资组合的方式平衡各类资产的比重，则有机会将回撤控制在非常小的范围内。构建投资组合的出发点在于，在保持资产回报的前提下，能够提升资产规避风险的能力。

第一节
深入剖析资产类别

| 文　伍治坚

一、资产类别决定了你的投资回报

要讲清楚资产配置,我们首先要搞明白一个很重要的概念:资产类别。任何一只基金,不管其名字起得多么花里胡哨,其投资策略有多复杂,到最后万变不离其宗,其投资的目标都可以被概括为某一个,或者某几个资产类别。这里的资产类别主要包括股票、债券、房地产和大宗商品。在股票这个资产大类下,我们还可以进一步细分中国股票、美国股票、日本股票等。在中国股票下,还可以划分A股主板股票、中小板股票、创业板股票、科创板股票等。在债券资产下,我们可以继续划分中央政府债券、地方政府债券、公司债券等。

  为什么要搞清楚资产类别这个概念呢？这是因为从很大程度上来说，资产类别决定了你的投资回报。比如之前有一位学员向我咨询过这么一个问题。他买了一只多因子量化股票基金，基金的名字非常"高大上"，又是多因子，又是量化。基金经理的背景也很强，拥有重点大学的本科和硕士学历，在大型基金公司积累了多年的量化建模经验。该学员对这只基金寄予厚望，觉得一定可以获得很好的回报。但是现实和期望往往是有差距的。2017年，沪深300指数上涨21.8%，该基金上涨10%。2018年，沪深300指数下跌25%，该基金下跌30%。这位学员十分困惑，在失望之余，向我请教自己错在哪里。

  一个投资A股主板股票的股票型公募基金，它可能有各种时髦的名称，比如量化价值、时代先锋、产业升级、创新驱动等。但不管它叫什么名字，本质上它是一只股票基金，买的是股票，承担的是股票带来的风险。由于基金经理只能买入股票，不能卖空股票，所以股票基金的仓位和集中度都受到一定的限制，因此股票基金的回报，和A股主板市场的平均回报有很强的相关性。当A股主板上涨时，该基金不涨，或者下跌的可能性不大；反过来，当A股主板下跌时，该基金不跌，或者逆市上涨的可能性也很小。就像上面提到的多因子量化基金，其回报和大盘的相关性很强，而且还不如大盘指数回报。投资者一开始被基金名字迷惑，还没搞懂就急不可耐地买入，这是很常见的错误之一。

  只有搞懂了资产类别的概念和特点，我们才可能对基金回报有一个比较现实的期望。

二、股票、债券和房产回报的特点

总体上来说,股票回报有两个特点:第一,股票的长期投资回报比其他资产更高。第二,股票的短期回报波动大,长期回报更稳定。

我们先来看第一个特点。从1993年开始算起,中国A股在扣除通胀后的收益率,为每年4.5%左右。同期的长期和短期债券的真实收益率,为每年2.2%和0.5%。如果我们从2000年看到2019年,那么股票在扣除通胀后的收益率为每年9.6%,远高于同期3.1%的长期债券和0.6%的短期债券年化收益率。当然,中国的国情有些特殊,那就是在过去30多年房地产的价格,尤其是一线城市的房价涨幅非常惊人,这个在下文分析房产时会讲到。

下面我们再来看看股票的第二个特点,那就是短期回报波动大,长期回报更稳定。基于A股的历史回报分析显示,如果我们购买并持有股票一年,那么我们的投资回报,很大程度上取决于运气。在运气好的年份,股票可以给我们高达50%、60%,甚至超过100%的回报。但是如果运气不佳,比如在2007年股市顶点时购入股票,那么我们的投资回报是灾难性的,在一年中的损失可以达到66%,也就是下跌2/3左右。但是如果我们把股票的持有期延长到5年,就会发现,投资回报的波动范围没有那么大。比如:在最坏情况下,两年的投资收益率是每年-18%左右;在最好的情况下,投资收益率为每年30%左右。这个波动范围,比之前持有股票一年的波动范围小多了。如果我们继续延长股票的持有期限,就会发现,持有的时间越长,投资收益率的变化区间就越小。如果持有A股股票20年,那么最坏的情况是每年扣除通胀后亏损1%左右,而最好情况则是扣除通胀后每年获得9.6%的投资收益率。就是说,在中国的A股市场,如果可以坚持持有股票20年以上,那么亏钱的概率就很小,大概率会赚钱。这些分析说明,如果想要通过股票获得好的投资回报,那么最好的办法,就是坚持长期持有。这个规律,在中国和国外的股市都是相通的。

下面,我们再来看看债券的回报特点。相对于股票来说,债券的投资风险要低很多。如果是发达工业国家的政府债券,或者投资级别的公司债券,它们违约的概率非常低。就是说,在最差的情况下,投资者至少能够名义上保本。注意,这里说的是名义上保本,因为到最后我们还要看通胀率。如果一个国家在某个时期的通胀率比较高的话,那么扣除通胀后的真实回报,不一定还能大于零。当然,风险低的投资品种,其回报也不会太高,本书已经跟大家分享过中国债券的回报数据。还有一些特殊情况,比如20世纪20年代的德国和20世纪40年代的日本,国债给予投资者的回报是负的。这主要是因为这些国家在那个阶段经历了非常严重的通货膨胀,因此债券的投资回报都被通胀率给抵消了。总的来说,债券的特点是风险低,回报也比较低。债券是投资组合中的稳定器,特别是在股市和房市下跌的周期中,能够向投资者提供稳定的回报。

最后,跟大家简单讲一下房地产投资。房地产投资的特点包括需要大量资金,可以借助杠杆,房子流动性比较差,以及房子有投资和居住的双重功能。从历史上看,世界各国的房地产投资回报都很不错,和股票差不多,甚至超过股票。我们先来看中国的情况。以上海长宁区的房价为例,在1993年5月左右,长宁区的住宅在经历了一波价格下跌后,大约为每平方米6000元。而在27年后的2020年10月,同样长宁区的住宅二手房均价大概在 8 万元。照这个标准来算的话,长宁区住宅的价格涨幅为每年 10% 左右[①]。同期的深圳罗湖区住宅也经历了类似的涨幅,从每平方米 6500 元左右上涨到 6 万元左右,涨幅达到每年 8.6% 左右。如果我们再加上平均每年 2% 左右的租金收入,那么到最后投资房地产的收益率为每年 10% 到 12%。再扣除平均每年 4% 左右的通胀率,可以获得每年 6% 到 8% 的真实收益率,稍高于同期的股票收益率。

简而言之,基于中国过去 30 多年的经验,股票和房地产给予投资者的投资回报是最好的。基于美国和英国过去百年的历史数据来看,这些国家的房地产投资加房租回报,和股票市场差不多,不相上下。

总结一下,长期来看,股票和房地产的投资回报最好。但是由于股票在短期内的波动非常大,而房地产则受投资资金大、流动性差、限购等因素制约,因此我们的投资组合中需要有债券,我们以此来减少投资组合的波动率,提高其风险调整后的收益。

三、不同风险类型的投资

明白了不同资产的回报特点和风险之后,我们就可以把它们分门别类,归入不同的类型。在这里我将这些资产分为偏风险资产、偏保守资产和无风险资产。偏风险资产主要包括股票和房地产信托,即 REITs。房地产信托由于在证券市场上市,因此其波动率和股票接近。从历史上来看,这两个资产类型的风险相对都比较高。偏保守资产主要包括长期政府债券和防通

[①] $6000 \times (1+10\%)^{27} = 78000$ 元。

胀债券。从历史数据来看，长期政府债券的风险要远低于股票，当然其投资回报也要低得多。最后是短期政府债券。一般来说，由大国政府发行的短期本币债券几乎没有违约风险，因此可以被归入无风险资产的类别。

　　为什么要把不同的资产归入偏风险、偏保守和无风险类别呢？这是因为，大致来说，偏风险资产的特点是长期的回报更好，但是在获得更好回报的过程中，资产价格的波动比较大，投资者需要承担更大的回撤。而偏保守资产的特点是长期回报不如偏风险资产，但是它的回撤比较少、波动比较小，特别是在偏风险资产价格下跌的时候买入，能够起到缓冲和对冲的效果，减少投资组合的回撤。无风险资产，顾名思义就是最安全的资产，能够给投资者最安心的回报。但由于其没有风险，因此其长期回报也最低。

　　明确了这些不同资产类型的特点之后，我们就可以有的放矢，根据个人和家庭的特点来为投资者量身定制最合适的配置方案。如果投资者的风险偏好比较高，容忍风险的能力比较强，那么就应该多配一些偏风险资产，少配一些偏保守和无风险资产；而如果投资者的风险偏好比较低，容忍风险的能力比较弱，那么就应该反过来，多配一些无风险和偏保守资产，少配一些偏风险资产。

第二节
明确自己的风险偏好

| 文　孙振曦

任何比例的基金组合都可以是非常好的组合,关键在于它和你的风险偏好是否相匹配。比如进取心比较强的人,可能比较适合偏股票型的组合;而相对保守一些的人,可能更适合以投资债权类资产为主的组合。所以我们在买基金做组合的时候,要根据自己的风险偏好来构建适合自己的基金组合。

一、借助问卷确定风险偏好

根据风险偏好,我把投资者分成五类,可承受风险程度从低到高,分别叫作谨慎型、稳健型、平衡型、进取型和激进型。当然,有的分法可能只有三类或者四类,具体的叫法可能也不一样,比如说谨慎型也可以叫作保守型,激进型也可以叫作冒险型等。投资者要明白自己属于哪一类是很容易的,现在大部分的投资渠道,比如说股票开户、基金开户、银行理财开户等,都会让你填写一份关于风险偏好的问卷,根据你的财力、学识、投资经验、投资风格等,给出一个综合性评分,最后会把你分到五类投资者中的一类里。

这五类投资者中的第一类,也就是谨慎型或者叫保守型的投资人,他们的首要目标一般是保护本金不受损失,在保持资产流动性的同时,希望投资回报非常稳定,不一定很高,但是一定要非常稳定和可预期。因为他们不愿意用高风险来换取高收益,也就不太在意资金是否能够实现比较大幅度的增值。在投资个性上,这类投资人是比较抗拒冒险的,不愿意用碰运气的心态去做博弈,基本上也不愿意承受任何投资波动带来的心理煎熬。

第二类投资者在风险偏好上比谨慎型稍微高一些,叫作稳健型投资人。这类投资人除了考虑确定性这一项最重要的因素之外,同时也希望在投资回报上能够获得还不错的收益。不过他们最终还是不会采取比较激进的行动,因为他们承受风险的能力也还是比较有限,风险偏好仍然是比较低的。

第三类是平衡型的投资人,和前面两类的区别在于,平衡型投资人已经比较渴望高的投资回报了。平衡型的投资人是希望自己的投资回报能够获得长期的、比较高幅度和稳健的增长,他们对收益率有比较高的要求,同时对风险也有比较清醒的认识。平衡型的投资人不会采取非常激进的方法来达到自己的投资目标,倾向在风险和回报中间找到相对平衡。

第四类和第五类分别是进取型和激进型投资人,和平衡型投资人不同的点在于,他们对风险的偏好更高,能够承受的波动和风险也会更大一些。尤其是激进型的投资人,他们愿意接受比较大幅度的波动,从而换取资金的快速增值。为了最大限度地获得增值,这类投资人常常会把大部分的现金投入到风险比较高的品种,在投资上非常自信,不太会给自己留很多后路,等于是不惜冒失败的风险去做投资。

读者可以先确定自己属于五类投资者中的哪一类,然后就可以去规划自己的基金组合当中,不同基金所需要的比例。

二、警惕认知行为失调

确定风险偏好,配置基金组合时,有两点是需要注意的。

第一点,你测出来的风险偏好和你自己心里面希望做的组合是有可能不一样的。比如说你自己测试出来是平衡型的,结果你实际投资基金的时候,却是按照激进型的风格做的组合,投资的都是股票型和偏股型的混合基金。这里有一个认知和行为失调的问题,你有必要回去再看一看你的风险偏好问卷,看看问题是出在主观的偏好部分,还是出在客观的条件部分。主观的偏好就是在面对风险和收益的时候,你会怎么做选择。仔细想想在面临对应情况的时候,你是不是真的会采取自己所选择的那些行动。而那些客观的条件部分也就是年龄收入等,你要考虑你的风格和条件相比是不是过于激进了。比如一个六七十岁老人家为自己的投资组合配置了100%的股票基金的话,显然不太合适,除非在投资理财上能力非常强、非常专业。一般来说70岁的老人家风险偏好偏向保守型或者稳健型更为常见。

所以我们在做风险偏好测试的时候,一定要扪心自问,自己能够承受的风险有多大,面对那样的问题的时候,我们要怎么样去做选择。当你有一天真正碰到了那样的情况,心里才不会慌。

这一点大家随着投资经验的增加慢慢会感受到的,一开始的设想到最后往往会和实际操作不一样,面对风险和回报,投资动作会变形。

三、注意风险偏好的变化

这又引出了第二点，也就是你的风险偏好其实是会变化的，不仅仅会随着投资能力、投资经验的提升发生变化，而且是面对不同的风险和回报的情况时，也会发生变化。

不妨一起来做两道选择题。第一道选择题，你现在面临 AB 两种选择，这两种选择都有可能赚钱，选择 A 你能够以 100% 的概率赚到 10 万元，选择 B 你有 80% 的概率能够赚到 15 万元，但是有 20% 的概率 1 毛都赚不到，你要选择 A 还是 B？第二道选择题，你也面临 AB 两种选择，但这两种选择都有可能亏钱，选择 A 你会以 100% 的概率亏 10 万元，选择 B 你会以 80% 的概率亏 15 万元，但是也有 20% 的概率不亏钱，你会选择哪一个？按照以前的实验结果，不管是学术研究上的结果，还是我自己去问身边的朋友，大部分的情况下，在第一道关于赚钱的选择题里面，选择 A 赚 10 万元的人居多，而在第二道关于亏钱的选择题里面，选择赌一把的人居多。

从概率上，我们来算一下回报或者损失的加权平均值。第一道题，选择 B 拼一把，其实从数学上面来说是更划算的，因为它有 80% 的可能性赚 15 万元，意味着它的预期回报是 12 万元，其实是比 10 万元要高的。[1] 不过我也非常理解那些宁愿选择 A，用 100% 的确定性拿 10 万元的人，他们放弃多出来的 2 万元的预期回报，换一个更高的确定性。所以面临收益状态的时候，大部分的人往往是非常小心翼翼、非常厌恶风险、见好就收的。在确定性的收益和赌一把之间，绝大多数的人会选择确定性的收益，哪怕确定性的

---

[1] 15×80%＝12 万元。

收益是更低的。你可能经常听到一个词叫"落袋为安",说的就是在投资理财时,人们有非常强的意愿去获利了结,把正在赢利的基金或者其他的资产卖出,把赚到的钱攥在手里面。

但在第二道题,情况又反过来了,更多的人愿意去承担多亏 2 万元的平均预期,来换一个博一把的机会。也就是说,当多数人处在亏损状态的时候,会非常不甘心,风险偏好会一下子放大,宁愿承受更大的风险来赌一把,而不愿意割肉离场。这在投资理财中表现为,人们往往会继续持有亏损的基金或股票,即所谓的"套牢"。

这两种选择,从短期来说其实也没什么,因为它跟个人偏好有关,但是从长期来看,其实并不是很好的行为决策。至少这两个选择是不一致的,也就是在不同的情况下,你的投资动作变形了:在赚钱的时候,你的风险偏好是非常低的;而在亏钱的时候,你的风险偏好又是非常高的。长期的结果就是:赚钱的时候赚得不够多,因为可能过早就卖掉了;亏钱的时候亏得过多,因为一直不舍得止损,或者把钱换到更好的基金上。

投资理财是非常长期的行为,你有非常多面对赢利和亏损的情况,会做非常多次的选择。我倒不认为大家一定要改变自己的风险偏好,但是至少大家在面对亏损和面对收益的时候,可以让行为保持一致:要么都选择确定性,这是低风险偏好;要么选择有更好的预期回报,但是伴随不确定,这是高风险偏好。我们在做风险偏好测试的时候,面对问卷,就要清楚地知道在这样的情况下如何去做选择,最后你的风险偏好类型才能更加清晰地呈现你内心的想法。

关于风险偏好测试题,建议大家再次确认下自己现在的风险偏好类型,以及你适合的基金组合比例是怎样的。不同的读者可以结合自己的风险偏好,制订出适合自己的基金组合。

第三节
主动型基金和被动型基金相结合,建立投资组合

| 文　伍治坚

本节主要为大家分析主动投资和被动投资各自的优缺点,然后通过一个实际案例,教会大家如何把主动型基金和被动型基金组合起来,自己动手建立一个多资产投资组合。

一、主动型基金和被动型基金的优劣势

我们可以把主动投资想象成龟兔赛跑中的兔子,而被动投资,则是龟兔赛跑中的乌龟。

主动投资的目的是战胜市场,即获得比市场平均回报更好的投资回报,而被动投资的目的则是获得市场平均回报。从投资方法来看:主动投资活动种类繁多,包括选股、选行业、择时等;而被动投资主要是指购买并长期持

有低成本的指数ETF。

下面,我们来分析一下购买被动型指数ETF和购买主动型基金各有哪些优劣。

我们先来说一下购买被动型指数ETF的优点。第一个优点,是购买指数ETF比自己炒股回报更好。很多时候,指数ETF的回报比公募基金也更好。我们先来看看股市中散户的投资回报。《上海证券交易所统计年鉴》显示,A股中的散户贡献了股市中绝大部分交易量,占到总交易量的80%以上。然而,同样是这些散户从股市中获得的赢利,仅占到总赢利的9%左右。研究显示,从2016年1月到2019年6月间,个人投资者平均获得负收益,而机构和公司投资者获得正收益。其中,账户市值在10万元以下的散户亏损最严重,平均亏20%左右。同期机构投资者的平均收益率为11.22%,公司投资者的平均收益率为6.68%。从这些数据,我们就可以看出,A股中的大部分散户股民,其实就是在瞎折腾,看似繁忙地买进卖出,但却没有赚到几个钱。如果投资者选择放弃炒股,去做基民,也不见得能够获得更好的回报。数据显示,在美股市场,有高达九成左右的公募基金经理无法战胜同期的指数回报。以目前全球资产管理规模最大的贝莱德公司为例,根据其发布的统计信息,在2012—2020年,该公司旗下大约89%的主动型基金都无法战胜市场。A股公募基金的情况稍微好一些,但在2015—2020年,公募基金的平均回报和指数回报不相上下,公募基金并没有战胜指数。

指数ETF的第二个优点,是它的费率更低。前文已经介绍过,指数ETF的管理费和托管费要比主动型公募基金便宜不少,是后者的1/3到一半。

购买指数ETF的第三个好处,是可以轻松达到多元分散的投资效果。

股民如果购买个股，由于投资缺少多元性，那么就可能面临极大的个股波动风险。如果运气好，可能可以赚到一笔。但如果运气不好，则可能蒙受重大损失。而追踪指数的指数ETF，在设计层面就能保证投资者始终保持多元分散。

指数ETF的第四个优点，是它的透明度高，不存在风格漂移问题。指数ETF的投资目标是复制指数，不会发生某个基金经理去擅自改变基金持仓和投资风格的情况，因此，不存在主动型基金可能发生的风格漂移问题。

讲完了被动型指数ETF的优点。接下来，我们讲讲主动型基金的优点。首先，主动型基金最大的优点，就是有可能战胜指数，获得比指数ETF更好的投资回报。由于指数ETF的目的是复制指数回报，因此购买指数ETF的投资者，永远不可能战胜市场。投资者能够获得的是一个市场平均回报，也就是指数的回报，不可能获得比这个平均水平更高的回报。但是如果我们能够选到优秀的主动型基金，那么这样的基金完全有可能战胜指数，给我们更好的回报。当然，这个优点的反面就是，如果我们没有能力选中好的主动型基金，选错了，那么我们的投资回报就会变得更糟，甚至还不如被动型指数ETF。其次，满足投资者的多资产配置需求。有一些混合基金，其中包括股票和债券，股票和债券的配置比例在6：4到8：2之间，像这样的基金就能直接满足投资者的多资产配置需求。也就是说，投资者只要买这样一只基金就够了，目前还没有被动型指数ETF能够实现这个功能。

二、以GIC投资策略为例，构建投资组合

说完了主动型基金和被动型基金各自的优缺点以后，接下来我们说说

如何把不同的基金组合起来，为自己构建一个投资组合，这是我为大家解决的第一个问题。

在这里，我想先为大家介绍一下新加坡政府投资公司GIC的投资策略。在我看来，这个投资策略背后有很强的逻辑。我们可以借鉴GIC的做法，提高自己投资方法的科学性。

GIC的实际投资组合可以被分为两大部分，分别是政策组合和主动组合。其中，政策组合主要以低成本的指数ETF为主，投资目的是获得多元分散的指数回报，也就是我们之前提到过的贝塔。而主动组合的投资目标，是获得比政策组合更好的风险调整后收益，也就是真正的阿尔法。在主动组合中，GIC试图寻找那些真正有技能的基金经理，或者被市场忽视的价值洼地，通过承担超出平常的投资风险，来获得超额投资回报。这就好比，政策组合是基石，主动组合是上层；政策组合是地球，主动组合是月亮。借鉴GIC的做法，我们可以建立一个以指数ETF为主，主动型基金为辅的投资组合。绝大部分的资产都放在指数ETF里，作为整个组合的核心资产，然后配置一小部分卫星资产去购买主动型基金，以期获得能够超越市场的超额回报。

我们先来说第一个部分——核心资产。应该在核心资产中选择哪些指数ETF呢？借鉴GIC的投资哲学，以及前文讲到的ETF筛选方法，我们应该兼顾稳健型、多元分散和长期回报这几个因素，结合自己的风险偏好，选择合理的ETF组合。而在第二个部分卫星资产，即主动型基金中，我们则应该仔细分析基金的投资目标、风格、费用和历史业绩，只选择那些被时间证明了取得阿尔法的基金。

在这里，我和大家分享一个自己设计的投资组合，来好好讲解一下。

首先，基于我的风险偏好，我为自己定下60%股票和40%债券的配置比例。也就是说在大类资产下，我会购买差不多60%的股票基金和40%的债券基金。同时，在主动和被动的类型下，我选择配80%的指数ETF和20%的主动型基金。换句话说，不管是股票还是债券，我都会按照8∶2的比例购买指数ETF和主动型基金。

其次，在股票指数ETF类别中，我选择的是510310沪深300ETF，159922中证500ETF，159915创业板ETF，159902中小板ETF和510880红利ETF；在债券指数ETF类别中，我选择的是511010国债ETF。在股票类主动型基金中，我选择的是540006汇丰晋信大盘股票A和110022易方达消费行业股票；在债券类主动型基金中，我选择的是110008易方达稳健收益债券B和100018富国天利增长债券。

在这里稍微和大家解释一下为什么会选择这几只主动型基金，同时正好复习一下筛选主动型基金的几个关键步骤。

我们需要下载基金相关数据。我是从Choice数据软件上下载的，大家也可以通过其他途径下载相关信息。我们需要下载基金的名字、类型、规模、管理费率和成立年限这几个关键指标，并形成一张数据表格。

我们先来筛选股票基金。在基金类型中选择股票基金，在成立年限中选择大于等于10年，就是说我们只看成立10年以上的股票基金。然后在基金规模中选择大于等于10亿元。同时，我们把所有的被动型基金都去除，因为我们在这里要选的是主动型基金。这样，我们就可以把筛选范围极大地缩小到10只基金以下。把筛选范围缩小以后，我们可以开始仔细分析，精挑细选。110022易方达消费行业股票基金有超过10年的历史，截至2020年11月初，该基金的规模为240亿元，其费率为每年1.5%的管理费，属于正常范围。我们接下来就需要去分析一下这只基金的历史业绩。

我们还是用数据软件下载该基金从成立开始每年的历史业绩、业绩比较基准收益率,并以此来计算每年超越基准的收益率。以易方达消费行业股票基金(110022)为例,它的业绩基准是中证内地消费主题指数收益率×85%＋中债总指数收益率×15%。在2011—2019年这9年里,该基金战胜业绩比较基准6年,落后业绩比较基准3年。总体上来讲,该基金平均每年超越业绩比较基准7.8%左右。基于这些统计数据,我认为我可以考虑把该基金纳入我的主动型基金组合中。

按照相同逻辑,我选了另一只股票基金,540006汇丰晋信大盘股票A。它的业绩比较基准是沪深300指数×90%＋同业存款利率×10%。从2011年至2019年,该基金有8年战胜业绩比较基准,只有1年落后。总体上来讲,该基金平均每年超越业绩比较基准10.8%左右,因此也被我选入主动型基金投资组合之中。

然后到了债券基金类别,我也使用相同方法,先筛选出成立年限超过10年、资金规模超过10亿元的基金,然后再深入分析,挑选那些有能力持续战胜业绩比较基准的基金。挑选过程不再赘述。我挑选出来的是110008易方达稳健收益债券B和100018富国天利增长债券。

值得一提的是,基于这个方法,加上自己的个人风险偏好,最后得到的结果并不是唯一的。读者可以基于上述方法自己尝试一下。每人不一定要选择一样的基金,但基本上符合以上标准的基金不会太差。

最后,我们按照上面提到的配置比例来购买这些基金,各基金配置比例如表4-1所示。

表 4-1 投资组合

基金代码	基金名字	类型	资产	比例
510310	沪深 300ETF	被动	股票	36.0%
159922	中证 500ETF	被动	股票	4.8%
159915	创业板 ETF	被动	股票	2.4%
159902	中小板 ETF	被动	股票	2.4%
510880	红利 ETF	被动	股票	2.4%
511010	国债 ETF	被动	债券	32.0%
540006	汇丰晋信大盘股票 A	主动	股票	6.0%
110022	易方达消费行业股票	主动	股票	6.0%
110008	易方达稳健收益债券 B	主动	债券	4.0%
100018	富国天利增长债券	主动	债券	4.0%

由于该配置方案中的 510310 沪深 300ETF 从 2013 年年初才开始有净值历史，因此，我们计算该投资组合从 2013 年 3 月到 2020 年 10 月的投资回报，可以得出该组合可以获得每年 10.3% 左右的收益率，和同期的沪深 300 指数收益率差不多。但是我们不要忘记，沪深 300 指数在 2013—2020 年的最大回撤达到 46% 左右，而该基金组合的最大回撤为 29%，比股市好很多。既能够达到差不多的回报，又能够显著减少回撤，对于投资者来说多赚少赔，提供了很明显的价值。

三、投资组合再平衡

接下来,我再帮大家解决第二个问题,那就是如果我的基金组合的市值跟着市场大涨或者大跌,我应该怎么办?是不是需要做出一定的反应?

在这种情况下,比较好的解决方法,是通过再平衡来调节自己的投资组合。什么是再平衡呢?让我用一个简单的例子,帮助大家理解这个概念。还是回到之前提到的例子,也就是我的目标是配置60%的股票和40%的债券。现在我们假设,股票价格下跌。由于股票价格下跌,导致投资者的投资组合变成了40%股票和60%的债券。再平衡的意思,就是对投资者的投资组合按一开始的目标配置比例重新配置。

在这个例子中,由于我们目前的持有资产组合为40%的股票和60%的债券。因此,我们需要购入更多的股票、卖出债券,将投资组合重新恢复到60%股票和40%债券,即一开始的目标配置比例。这个过程,就叫作再平衡。

如果我们仔细思考一下,就不难发现,再平衡的本质是低买高卖。我们假设股票价格下跌,债券价格不变或者上升,那么该投资组合中股票的比例就会下降,债券的比例则会上升。为了把资产配置的比例恢复到一开始的目标,我们需要购买股票,卖出债券。因此事实上的操作,就是购买价格下跌的资产,卖出价格上涨的资产。

由于持续地低买高卖,再平衡可以有效提高投资组合的回报。威廉·伯恩斯坦在其著作《有效资产管理》中指出,再平衡可以为投资者带来每年1%~2%的超额回报。同时,再平衡也能帮助投资者降低投资组合的风险。平均来讲,再平衡可以将投资组合的波动率降低2%~3%,将最大回撤降低5%~10%。

再平衡有不同的操作形式。第一种叫作静态再平衡,就是每隔一段时间做一次再平衡,比如每月、每季度或者每年。第二种更加复杂一些,叫作动态再平衡。动态再平衡的意思,是时刻记录投资组合的资产比例情况,当资产比例偏离目标一定程度后,启动再平衡,将资产配置情况恢复到目标比例。触发动态再平衡的偏离程度,可以是5%、10%、15%或者其他数值。举例来说,如果股票发生大跌,导致投资组合中股票部分比重下降,超过了一定程度,那么我们就可以触发动态再平衡,把投资组合的配置比例恢复到一开始的目标水平。

四、再平衡过程中一些常见的错误

下面,我和大家提一下再平衡过程中一些常见的错误。

第一个错误,是将资产类型和股票市场混淆,在不应该再平衡的地方瞎平衡。我们这里说的再平衡,应该仅限于资产类别之间,比如股票和债券之间。在相同类型的资产类别下不同的基金之间,我们不应该去进行再平衡操作。这主要是因为,不同的基金之间并不会遵循所谓的均值回归规律。

第二个常见的再平衡错误,就是交易过度。很多投资者对再平衡非常推崇,甚至产生迷信,因此在自己的投资组合中,频繁进行再平衡操作,将投资组合恢复到目标配置。殊不知,每一次买卖操作,我们都需要付出各种交易成本,包括佣金、摩擦成本等。扣除这些费用时,投资者的投资回报会受到拖累,反而不如无为而治,什么都不做。这是广大投资者最易犯的另一个再平衡错误。

因此，投资者在制订再平衡策略时，需要找到一个平衡点。就是说，我们需要在控制再平衡频率和交易成本，以及在保持投资组合的多元分散和提高投资回报之间，找到一个巧妙的平衡点，这样才能将再平衡的价值发挥到最优。对于一般个人投资者来说，每年一次就可以了。

在实践操作中，我们可以把动态再平衡和静态再平衡组合起来使用。首先，动态再平衡保证任何资产大类的市值在偏离目标一定程度后，自动触发再平衡机制，将投资组合的资产分配恢复到目标水平；其次，如果动态再平衡没有被触发，那么我们应该执行静态再平衡，保证每年对投资组合至少再平衡一次。这样动态和静态相结合的再平衡机制，能保证我们的投资组合始终多元分散，低买高卖，在降低投资风险的同时获得更好的投资回报。

第四节
成功避开 2015 年股灾的投资组合

|文 伍治坚

和大家分享一段自己的真实经历。我 2002 年大学毕业,当年有不少计算机系毕业的同学找不到自己心仪的工作,因为 2000 年互联网泡沫破裂,2002 年整个 IT 行业还处于一地鸡毛的状态。而商学院的同学也很郁闷,因为安然事件导致五大会计事务所之一的安达信倒闭,退出审计业务,影响了不少应届毕业生。那对于投资者来说,2000 年也是一段难忘的时光,因为互联网泡沫破裂,导致全球股市大崩盘。从 2001 年开始,A 股开始进入周期性熊市。上证指数从 2200 多点一路下跌到 2005 年的 1000 多点,跌幅超过一半。当时很多人甚至害怕 A 股要跌破 1000 点,回到百点时代。总体上,那时候大家都处于比较悲观的状态,谁也没有预料到接下来几年股市会接连大涨。

从 2005 年年初到 2007 年年初,上证指数从 1200 多点左右上涨到 3000

点左右,也就是翻了一番还多。美股标普 500 指数在 2002 年跌到了 800 点左右以后,开始触底反弹,在接下来的几年里连续上涨。到了 2007 年年初的时候,标普 500 指数超过了 1400 点,离之前在 2000 年创下的历史新高 1530 点已经不远了。

所以到了 2006—2007 年,整个市场的情绪是比较乐观和浮躁的。2006 年,中国 GDP 增长率为 10.5% 左右,经济规模位列美国、日本和德国之后,占据世界第四。因为从 2005 年开始推出的股权分置改革进行得非常顺利,超过 90% 的 A 股企业以及 85% 的累计自由流通市值完成了既定的股改目标,上证指数大涨 118% 左右,让很多股民有了"久旱逢甘霖"的感觉。当年工商银行在 A 股和 H 股同步上市,创下了 2006 年全球 IPO 之最。

那时我刚从大学毕业工作没几年,稍微有些积蓄,对自己的投资能力过度自信。我大概读了一些新闻和研报之后,买了两只基金:一只是专投金融地产股的行业基金,另一只是专投石油和黄金的大宗商品基金。购买前一只基金的原因在上面已经说过,即股权分置改革后,受到市场整体上涨态势和乐观情绪影响;而购买后一只大宗商品基金,主要是因为在 2007 年前的那几年,每桶石油价格从 30 美元左右涨到 90 美元左右。很多投行分析师纷纷撰文表示,石油价格很快就会突破 100 美元,甚至会很快达到 150 美元。

在事后看来,我购买这两只基金,犯了一些投资者最容易犯的错误。第一,没有资产配置规划。其实当时的我由于刚工作没几年,积蓄有限。同时,我和女友正准备结婚,而结婚后第一件事就是要买房,买房的首付需要动用所有的现金。这些因素决定了我没有能力承担过高的投资风险,应该只购买一些风险程度非常低的投资产品,比如低风险银行理财或者货币基金。如果购买了高风险基金,发生大跌,又恰好碰上需要赎回基金凑首付按揭的情况的话，就只能忍痛割肉。第二，购买基金纯粹是冲动型投资，追涨杀跌。看到涨得最厉害的银行股和大宗商品，就把积蓄一股脑投进去，这犯了投资的大忌。现在来看，那时候对于市场一知半解，却自以为看得很多、懂得很多，所谓"无知者无畏"，说的就是这种情况。

接下来的情况，大家可能也都猜到了。2008年，美国次贷危机引发全球金融危机，不管是金融股也好，大宗商品也好，全都大跌。我购买的那两只基金，自然也无法幸免，最后只能在下跌后割肉离场。

为什么要和大家分享这段真实的经历呢？因为我相信，任何一个成熟的投资者，都至少会经历好几次这样的金融大事件。也正是因为吃过亏了、受过伤了，才能让自己痛定思痛，反思自己以前犯过的错误，并在将来改正提高。在认识到自己2006年到2008年犯的错之后，我抛弃了以前跟风追涨的投资坏习惯，逐渐开始用资产配置的思路为自己设定投资策略。

在分析了自己的投资周期、金融知识和财务状况之后，我把自己归为激进型投资者，相对来说可以承担较高的投资风险。大概是从2009年开始，我为自己做了一个很简单的60%股票和40%债券的投资组合并一直坚持持有到现在。

为了便于大家更好地理解这个投资组合背后的逻辑，我先从最简单的例子开始说起，用沪深300指数来衡量股票的回报，以及用国债指数来衡量债券的回报。等到把这个道理讲清楚之后，我再向大家介绍组合中更复杂的成分。

从2009年年初算起，截止到2020年9月底，沪深300指数的年化收益率大约为7.8%。加上每年2%左右的股息率，投资者的收益率为每年9.8%。同期的国债指数，每年的收益率大约为3.6%。有些读者可能会说，基于这个数据，把钱都投入股市中，岂不是可以获得很好的投资回报？从表面上看，这样的想法似乎挺有道理。但我们不要忘记，当时的投资者刚经历过 2008 年的大跌，对股市的可怕之处有亲身体验。任何一个经历过类似于 2008 年大跌的投资者，都不可能把自己所有的可投资的流动资产全部投入股市。因为在类似于 2008 年那样高达 70% 的回撤面前，你很难坚持住。70% 回撤是什么意思？就是你在股市里本来有 1 万元，结果发生大跌，1 万元变成 3000 元了。只有真正经历过这样的大跌，目睹自己财富在短时间内蒸发的投资者，才明白这种感受有多恐怖。

这就是为什么在股票投资之外，我还进行了债券投资。债券投资的特点，是回报虽然低一些，但是比股票更安全，风险小很多。以国债指数为例，在过去 10 多年里，虽然回报不如同期的股票指数，但是其最大的回撤只有 1% 左右。也就是说，在任何时候，我们几乎不用担心自己买的国债基金亏钱。当我们投资的股票组合在发生回撤时，债券组合就能提供非常宝贵的投资收益，以缓冲股票亏损给投资者带来的负面影响。这样一个 60% 股票和 40% 债券的投资组合，在过去 10 多年时间获得的投资收益率，为每年 7.4% 左右。虽然不如同期的股票收益率，但其实也不算太差。由于是一个多资产组合，它的最大回撤要比单买股票好很多，为 1/3 左右。也就是说，在最差的情况下，投资者大概会浮亏 1/3，比之前提到的亏 70% 要好上不少。

减少投资组合的回撤，这一点非常重要。经历过 2008 年的大跌以后，很多投资者的心理状态发生了极大变化，甚至过了好几年都不敢再买股票或者股票基金。这背后主要的原因，就是被回撤搞怕了，所谓"一朝被蛇咬，十年怕井绳"。但是这个 60% 股票和 40% 债券的投资组合，可以把回撤控制在可以承受的范围之内，因此也能鼓励吃过亏的投资者再次建立起购买和持有股票基金的信心。

前面用沪深 300 指数和国债指数这样一个最简单的例子，来帮助大家理解如何实现资产配置,以及由此产生的好处。在现实生活中,我们可以选择的投资工具要丰富得多。比如在我们确定了投资组合中股票的比例之后,可以选择沪深300股票基金、中证500股票基金、行业股票基金等不同的品种。在债券类别里,也有国债基金、地方债基金、混合债基金、货币基金等不同的选项组合。事实上,在我自己持有的投资组合中,确实要比上面提到的配置更加复杂一些。在60%的股票基金配置里,包括:40%的大市值股票指数,即沪深300指数;15%的中市值股票指数,即中证500指数;以及5%的创业板股票指数。在40%的债券基金里,包括:25%的国债,5%的企业债和10%的货币基金。

这里具体的配置比例,主要受各种资产的总市值规模、可投资的基金规模、流动性以及费用等因素影响。在这里,我们先来看一下这个组合中各项投资的回报。从2010年6月到2020年9月,差不多10年时间里,股票基金比债券基金回报好。首先,创业板股票指数的收益率最好,大约每年10%。其次是沪深300指数,含股息大约为每年7%。再次,在债券基金中,企业债的收益率最高,为每年5.6%左右。最后,国债和货币基金的收益率差不多,都在3%到4%。把这些不同资产加起来的投资组合,其年化收益率为6.8%左右,虽然不如创业板股票指数和沪深300指数,但其实也不算差。值得一提的是,创业板股票指数和沪深300指数的最大回撤,分别达到了70%和46%,绝非一般投资者能够容忍。而基于以上比例设计的投资组合,其最大回撤为32%左右,同时达到了获得不错的投资回报和有效控制最大回撤这两个重要的目标,可谓鱼和熊掌兼得。

这个投资组合,成功地帮助我度过了2015年的股灾。在2015年上半年,A股在短短几个月内从3000点涨到5000点,引起了公众极大的投资热情。当时的情况,可以用"疯了"来形容。电视上、报纸上、网络媒体上,几乎所有人都在讨论股市还会涨多少。有说年底8000点的,也有说10000点的。记得当年我参加了一个同学聚会,有两位同学告诉大家他们要发起一只股票基金,欢迎同学们投资。结果晚饭刚吃完,已经募集了近2000万元的资金。当时市场的疯狂程度,可见一斑。

由于我已经经历过2008年的大喜大悲,因此自然对这种情况有了一定的免疫力。对于这种情况,我的应对策略是坚持既定方针,不轻易改变计划。当投资组合在2015年上半年随着股市上涨而增值时,我只是做了两次再平衡,但并没有偏离原来的配置目标。后来到了2015年下半年大跌时,除了一次再平衡以外,我也没有做更多的买卖交易。和2008年那次相比,我在2015年更加冷静,云淡风轻,泰然处之。

2015年,大部分投资者都亏了钱,主要原因就在于他们在上半年加仓或者追涨,在高点买入过多的股票。一位很好的朋友告诉我,他在2015年股灾中亏了一套房子。而我由于吸取了2008年的教训,用资产配置思路解决了自己的理财需求,因此没有犯曾经犯过的错误,躲过了一次风暴。

最后,总结一下实现资产配置的步骤。我们首先需要根据自己的具体情况,明确自己的风险偏好,可以把自己归入激进型、平衡型或者保守型投资者中的一种。一般来说,激进型投资者可以配置50%以上的偏风险资产,剩下的配偏保守资产;偏保守投资者应该把偏风险资产限制在30%以下;而平衡型投资者,则处于两者之间。基于这个大致的比例范围,我们再确定具体资产类别的配置比例,比如股票有多少,债券有多少,股票下的大市值股票配多少,创业板股票配多少,等等。然后再基于这个比例去选择具体的基金。在选好了不同基金之后,我们还需要做一个针对投资组合的再平衡。

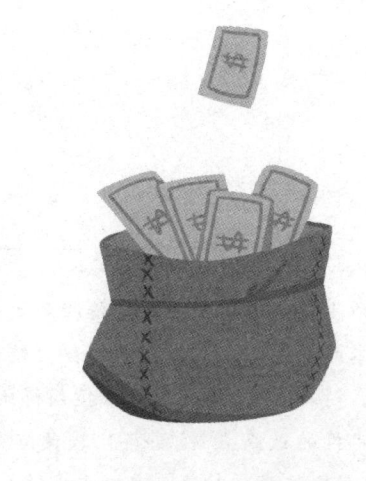

第 5 章

基金定投：
基金新手最佳起手任务

定投在本质上是为了实现一种价值投资式的效果。价值投资有两条最基本的原则：第一，你买的时候比较便宜；第二，你卖的时候比较贵。简而言之，就是把成本控制得比较低，最后实现投资效益。从定投的效果来说，买得比较便宜是相对比较容易实现的，然后卖得比较贵相对难一点。本章将从定投的原理、适合人群、买卖时机和方法等几大方面逐步展开。

第一节
定投的基本原理

| 文　孙振曦

定投是一种非常标准的、基于周期的投资,做定投有一条基本要求,就是最好能够走完一次完整的周期,或者至少走过一个周期的大部分时间。

表 5-1 模拟了一个定投策略实现的过程。定投是从 6000 点开始,跌到 5000 点,跌到 4000 点,最后跌到 1000 点,然后反弹到 3000 点。在这样的过程中,我们在每一个节点上都投入 1000 元。

从 6000 点开始,这个时候基金是比较贵的,你在比较贵的时候投了 1000 元,然后每个月不管价格是高还是低,都投 1000 元。从第二期开始市场下跌,基金越来越便宜,中途持续定投,直到第六期为止,这个时候的收益率是多少呢?这笔投资从一开始就在不停亏损,从亏损 5％增加到亏损 10％,再增加到亏损 20％,最多的时候亏损 60％。很多人亏了这么多之后就不玩了,就走了,但如果你在这个时候卖掉了,就变成真的亏损了。定投的前半段一直在亏,但是不要慌,因为正常的情况下,一个定投周期里面,可能有2/3的时间是亏损的。重要的是,你要看定投的后半段,因为我们最后可能用1/3甚至1/6的时间就能拉平亏损,然后用最后1/6的时间获得大量的收益。

表5-1 定投策略实现过程

大盘指数	当期投入金额/元	投入总金额/元	现值/元
6000	1000	1000	1000
5000	1000	2000	1833
4000	1000	3000	2466
3000	1000	4000	2850
2000	1000	5000	2900
1000	1000	6000	2450
2000	1000	7000	5900
3000	1000	8000	9850

前面这么多期的投入,中途还承受着亏损的痛苦,其实就是为了积攒筹码,因为在这个过程中,1000元能够买到的份额是不断增加的,最后总体平均下来你的买入价格会被拉得比较低,平均买入成本在整个定投过程当中,处在倒数1/3左右的水平,应该说这个位置相对来说还是比较低的,在这个成本线上再要涨上去,相对是比较容易的。

上面这个原理可能比较抽象。我再给大家举一个例子,买苹果。比如你喜欢吃苹果,每天要花10元去买苹果。第一天苹果要10元一个,你只买到一个苹果;后来苹果的价格跌了,第二天5元一个,你用10元买2个;第三天又降价了,只需要2元,你用同样的10元能买5个苹果。前前后后3天,你一共买了8个苹果,前面比较贵,后面比较便宜,这8个苹果一共花了你30元。虽然第一个苹果买得很贵,但最后所有苹果的平均价格还是比较便宜的,每个苹果只要3.75元。

没过多久,苹果价格回到5元,如果你手中的苹果没有被吃掉,你还能拿出来卖,这个时候就已经价值40元了,你不用等苹果涨回10元就已经赢利了10元,因为你的成本是30元。

这就是定投最朴素的原理,通过分批购买摊薄成本,然后你只要在摊薄成本之后,等待价格回升再卖出。本质上它就是价值投资,低买高卖、跨期套利的交易。前提就是你确信你买的这个投资品价格跌下去之后能够再涨回来。

为什么说定投是一个基于周期的价值投资呢?很简单,因为定投的核心优势在于你分批买入,不用操心现在买是不是合适、是不是便宜、什么时候开始买,这些关于择时的问题都不要紧,因为最后你买的结果都差不多,你只要一直在买,总有一天你能够买到最低点。从最高一直买,买到最低,最后平均价格落在整个价格区间最低点向上1/3左右的位置,是相对低估的水平。

第二节
定投的适用人群和约束条件

|文　孙振曦

上一节讲的是定投的基本原理,接下来我们要讲一讲定投适用的条件和约束条件。

首先,基金定投适合不是很专业,又没有太多时间去钻研的人,它的优势是节约人力成本。从每个单位时间的收入来看,一般的工薪阶层在四五十岁前由于资金量不大,纯粹投资带来的时薪其实比不上自己的人力价值,所以你要节约人力。换句话说,一般的工薪阶层在四五十岁前学习和提升自己,努力干活赚钱,会比花时间做投资赚钱更有效率。所以在投资上,从节约人力成本的角度考虑,基金定投就是一种相对省时省力的方法,它可以定时定额自动扣钱,而不用你去关心什么时候忘记掉,或者说要去关注这个市场,这个关键问题解决了就省力很多。

其次,定投比较适合周期比较明显的市场,特别是爆发力比较强的市场,因为爆发力强就意味着你买进之后,一旦机会来了回报就比较好。中国的股票市场就属于这种,其实中国股市的牛市时间并不短,但爆发式上涨的时间是比较短的,历史数据来看,可能在几个月就涨50%,这样的爆发力就非常适合做定投。如果不做定投,而是长期观察,做单笔的投资,你很容易错过这种爆发式的行情。而做定投就是为了不错过这样的行情,虽然你知道会有一个比如3个月50%的涨幅,但不知道什么时候行情会来,也不用猜,就一直守株待兔似的在那边等,总有等到的一天。

再次,定投比较适合有份工作的上班族,因为上班族的收入是持续性的,也就是每个月都有一笔稳定的收入,这个钱除去日常开支之后还有结余,用来做定投是比较好的。因为定投是一种需要时间来兑现价值,并且预期年化并不低的投资方式。对于工薪阶层来说,其实可以把定投理解为一笔利率比较高的、中长期的储蓄。从中国股市来说,在内在的逻辑上,大行情可能需要5～8年才有一波,而小行情一般2～3年就有一波。因为所有市场的从业者,从自己的利益上来说,至少在两三年的周期里要有一波推高行情的动力,否则这个行业的从业者会没饭吃。行情不会很大,可能从最低到最高也就百分之三四十,但这样的幅度已经足够我们去做一轮小的基金定投,年化百分之十几其实也能做到,这样也是不错的回报了。如果碰上一波大行情,比如像2006年、2007年,或者2014年、2015年,可能一两年就涨1倍,收益率就更高了;而比如2012年、2013年,或者2009年、2010年这种小行情也是不错的。总而言之,你可以把定投理解成一个利率比较高的中长期的储蓄,储蓄时间你可以理解成2～3年或者3～4年,利率回报可能在10%～15%。

复次,定投更适合每月有增量资金的情况。因为你的钱是慢慢存入、最后一笔取出的,零存整取,与一般家庭的需求比较匹配的方式是增量资金的长期投资。当你手上已经有一大笔钱,其实是不太适合去做定投的,虽然你也可以慢慢分批去定投,但你手上没有被投出去的钱其实是闲置的,这些闲置的钱就被浪费掉了,收益率也在整体上受到了损失。

最后,适合做定投的投资类别,需要符合以下条件。第一,它的波动性要比较大,最好还有爆发力。第二,它要有比较明显的周期性,也就是说大家能够观察到它的周期性规律。中国股市显然很符合这样的规律,所以大家可以去做定投,做指数基金的定投或者做主动型基金的定投(以投资股票资产为主的主动型基金或者混合基金都可以作为定投的标的)。

第三节
定投应该从什么时候开始？

|文　孙振曦

绝大部分买基金的人在实操的环节上面，常会遇到两类问题，这两类问题也是我经常被问到的。第一类是时机问题，很多人会问，现在是不是买基金的好时机？是不是可以开始定投了？我已经买了基金，现在是不是应该卖？第二类问题是关于基金品种的问题，比如说某某基金好不好，可不可以买？或者说哪些基金可以买？这两类问题简单地说，一个是择时问题，另一个是选种问题。当你把这两个问题都弄清楚了之后，基金投资能力如果有评分系统的话，60分水平你肯定已经有了。

我们先讲择时的问题。基金定投主要有三种策略：一种是基于周期的策略，一种是基于趋势的策略，还有一种是基于配置的策略。

基金定投主要是围绕着周期来的，围绕周期也就意味着它肯定有波峰和波谷。因此，在定投中会碰到以下几种情况。

第一种情况，你买进基金之后，基金一直在涨；

第二种情况，你买进之后，基金处于上蹿下跳的震荡阶段，经过一定的调整之后往上涨；

第三种情况，你买进之后，基金先下跌，跌一段时间之后再上涨；

第四种情况比较不幸，你买进之后就一直跌，处于一种单边下跌状态。

绝大部分的人可能都比较喜欢第一种买进之后一直涨，或者第二种买进之后稍做调整之后接着涨；不太喜欢第三种和第四种，也就是买进之后就开始下跌。但是我今天要讲的实操的观点可能有点反直觉，那就是你买进之后的几个月或者一年的时间，是怎么样的行情其实并不是那么重要。也就是说，不管你买进了之后，无论你面临的是上面的第一种、第二种、第三种还是第四种情况，都没有关系。如果我们能够维持纪律，保证定投完一个周期或者一个周期的大部分的时间，那么买入的时机其实不重要。无论你是从最高、最贵的波峰阶段开始买，还是从看起来最低、最便宜的波谷阶段开始买，最后你的年化收益率其实都差不多。

接下来我们用具体的数据来验证一下，以中证 500 指数历史走势为例。如图 5-1 所示，中证 500 指数从 2005 年开始到 2020 年，一共经历了四轮周期。

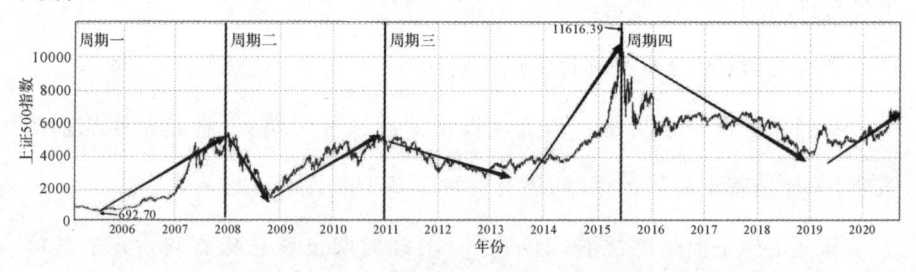

图 5-1 中证 500 指数历史走势（2005—2020 年）

每一轮周期中都有一个波峰和一个波谷,而且处在相邻的位置,也就是说,你可能在一两年之内,看到一个阶段性的高位和一个阶段性的低位。那我们设身处地地考虑一下,如果我们今天想去买基金,那么我们肯定会考虑,现在处在周期中的什么位置?是波峰还是波谷呢?如果我们认为现在处在一个波谷的位置,大部分人的想法就是,既然我处在一个比较低的位置,我现在可以马上买;那如果我们认为正处在一个波峰的位置,可能就会考虑等一等,等波峰之后的波谷来临,那个时候比较便宜,可能才是一个比较好的买入时机。也就是说,有时候我们马上就可以买,时机很好;有些时候可能就得稍微等一等,比如说等个半年、一年。但是至少以下这种情况不太可能会出现,就是你现在犹豫不决,熬过了一轮波峰,逆转到了波谷之后,还是没有买,你又在熬,又熬过了一轮波峰还是没进场,直到两三年之后实在忍不住才开始买。也就是说大多数人选择进场的时机,也就是一轮波峰和一轮波谷之间,不太会做跨周期的择时。明确了这一点,在做定投测算的时候就很简单,只需要去比较从同一个周期中相邻的波峰和波谷开始定投,它们之间的收益率会有多大的差距。通过这个测算,我们就知道在买入的时机上是不是要做选择。

如表5-2所示,如果在2007年5月开始做定投,到2015年6月卖出,定投周期大概是8年。它从一个周期的最高点开始定投,到下一个周期的最高点卖出,在不考虑手续费等情况下,年化收益率是26.2%。大家注意,这是从上一轮大牛市最高位开始定投,到最近一轮大牛市最高位卖出的年化收益率。我们再看另一种情况,也就是从2008年11月开始做定投,也是到2015年6月卖出,它从一个周期的最低点开始定投,到下一个周期的最高点卖出,年化收益率是30.6%。两者的年化收益率只相差大约4%,因此最后赚到的钱的总量其实是差不多的。

表 5-2　中证 500 指数年化收益率一览

开始时间	截止时间		
	2014 年 12 月	2015 年 6 月	2015 年 12 月
2005 年 1 月	11.4%	23.5%	17.6%
2007 年 5 月	9.9%	26.2%	15.3%
2008 年 11 月	11.6%	30.6%	18.3%
2009 年 11 月	10.8%	34.2%	19.1%
2014 年 1 月	54.6%	160.3%	44.1%
2014 年 7 月	25.3%	65.7%	32.4%

再往后看，比较从 2008 年 11 月和 2009 年 11 月这两个时间开始做定投，最后同时在 2015 年 6 月卖出的年化收益率，前者是 30%，后者是 34%，相差也不大。

总结一下，在一轮周期里面的不同阶段，也就是不同的波峰和波谷开始定投，到后面一个周期的波峰卖出，不同的时间点开始，同样的时间点卖出，最后的年化收益率其实差得不太大，尤其是相邻的两个波峰和波谷之间。

利用另一个指数，也就是沪深 300 指数基金进行回测，其实效果和中证 500 指数基金是差不多的，只要定投的起始点在相邻的波峰和波谷之间，最终的年化收益率差不多。也就是说，定投投完了一个完整的周期。

这样的数据回测给我们的结论和建议就是如果你要做定投的话，最好马上就开始，根本就不用考虑买入时机的问题。因为买入时机对最后收益率没有太大影响，既然如此，最好的选择当然是马上开始。因为基金定投的原理就是通过不停买入，把买入成本稍微摊薄一些。

如果我们能在一个周期里面,把所有交易日的成本排个序的话,整个定投周期下来,成本位能够控制在距最低点 1/3 处,或者稍高一点点的位置。不管最早几次买入是高是低,只要定投经历了一个周期或者一个周期的大部分时间,定投的次数已经比较多,那么均摊下来的成本是非常相近的,只要卖出点一致,收益率差不多也就很好理解了。

再接下来,卖出的时间就非常重要了,因为你的成本总是固定在差不多的位置上。在这一轮周期里面,你卖出的位置最高,那你能够获得的回报就最高;如果你卖的位置不太高,那回报相对来说就缩水很多。

第四节
为什么定投的卖出时机如此重要？

| 文　孙振曦

　　上一节内容我们讲了基金定投要从什么时间开始的问题，我们给了一个非常简单粗暴的结论，就是如果要开始基金定投的话，最好是马上开始，因为无论从什么时间开始，对最终的年化收益率影响都没有那么大。真正影响年化收益率的是卖出的时间，本节就来讲一讲卖出的时机对定投回报的影响。

　　很多读者会有疑问，上一节举的例子是卖在最高点，那么我们怎么才能卖在最高点？可能有极少数的例外，但几乎100％的人都很难卖在最高的那一天，反正我自己做不到这一点，实力不允许，运气也不允许。

　　那我们接下来就要比较三种情况：第一种情况是卖在了最后的上涨到来之前，也就是大牛市最后上涨得最快的阶段到来之前；第二种情况是卖在了大牛市顶点；第三种情况就是在大牛市到了之后，过了最高峰的时间。

我们先从第一种情况开始。在 2015 年 6 月之前的半年，市场经历了非常快速的上涨。如果我们做基金定投卖在了 2014 年年底或者 2015 年年初，没有吃到最后半年疯狂上涨的红利，收益率会有什么样的影响呢？

还是看中证 500 指数的数据，我们从不同的时间点开始定投，但把卖出时间定在 2014 年 12 月 31 日这一天，来看一下年化收益率。

如果是从 2007 年 5 月的最高位开始定投，到 2014 年年底卖出，年化收益率是 9.9%；而从 2007 年 5 月相邻的波谷，也就是从 2008 年 11 月开始定投，到 2014 年年底卖出，年化收益率是 11.6%；如果是从 2009 年年底，即一个阶段性高峰开始，到 2014 年年底卖出，定投的年化收益率是 10.8%。大家可以发现，只要卖出的时间相同，那么在相邻的周期定投，最终的收益率差距是不大的。

而如果从 2012 年 1 月开始定投，到 2014 年年底卖出，年化收益率大概是 25%；如果从 2014 年的 1 月开始定投，到 2014 年年底卖出，也就是只定投了一年时间，年化收益率是 54%，属于相当高的年化收益率。为什么最后这两个时间点，也就是从 2012 年和 2014 年开始定投，年化收益率会比前面提高那么多呢？原因很简单，因为 2012 年和 2014 年之后是单边上涨的情况。

上节内容中讲到了定投的四种情况，也就是开始定投之后，基金有可能一直涨、震荡之后再涨、先跌再涨以及一直跌。从 2012 年和 2014 年开始定投，就对应了第一种和第二种情况，也就是开始定投后，基金处于上涨的阶段，在上涨中的基金年化收益率当然是比较高的。而如果在 2007—2010 年期间开始定投，就对应了第三种和第四种情况，也就是开始定投之后要经历了一轮完整的周期。但是经历一轮完整周期的定投，它的好处在于定投的时间比较长，本金投入比较多，虽然年化收益率没有那么高，但总回报从绝对值上来说是不错的。而踩中单边上涨的定投，因为周期比较短，投入的本金总量不大，所以尽管年化收益率看上去很可观，但是最终赚到手的钱并不会太多，这是绝对回报和相对回报的问题。

定投有两个比较好的地方。第一，收益率总体上保持在比较高的位置；第二，持续的时间一般比较长。除非运气比较好，比如2014年开始投，之后一年就直接涨了50％、60％。其他情况我都建议至少坚持定投两到三年，至少定投完一轮周期或者一轮周期的大半段，保证你定投进去的钱足够多，最后能赚回来的钱也比较多。

除了卖在疯狂上涨之前半年，第二种情况就是卖在牛市最后的疯狂阶段。中国前两轮的牛市都有一个非常典型的特点，就是在牛市最后的阶段，也就是在最后半年左右的时间里，上涨的速度非常快，是一段非常陡峭的单边上涨。

如果你做了定投，有幸卖在2015年6月的最高位，那么你从什么时间开始，收益率相差也不大。2007年是一次高位，这时候开始定投，2015年6月卖出，年化收益率26.2％。2008年是一次低位，这时候开始定投，同样在2015年6月卖出，年化收益率是30.6％。2009年11月，又是一次高位，这时候开始定投，年化收益率是34.2％。

假如在2014年年底没有卖，在2015年6月的高点也没有卖，而是卖在了2015年12月，从最高位已经下跌了百分之二三十之后，也就是在第三种情况下年化收益率是多少呢？

从2007年高位开始定投，在2015年高位之后卖，也就是在2015年年底卖，年化收益率是15.3％；如果从2008年年底的低位开始定投，同样卖在2015年年底，年化收益率是18.3％；在2009年年底开始定投，到2015年年底卖出,年化收益率是19%。三者之间的收益率差别不大。

经过横向和纵向的数据比较之后,我们会发现:卖出的时间相同,而开始的时间不同,收益率是差不多的;但是从相同的时间点开始,不同的时间点卖出,年化收益率就差很多。你从2007年开始定投,假如:卖的时间节点是2015年最高位,年化收益率在25%～30%;如果卖在疯狂上涨之前的时间节点,即2014年年底,年化收益率是10%左右;如果卖在牛市最高峰的半年之后,下跌了30%,年化收益率是15%～20%。

所以综合来看,定投开始的时间不重要,对收益率影响不大,而最终的卖出时机对收益率影响非常大。也就是说,对于定投而言,选择相对比较好的卖出时机是非常重要的。

第五节
选择定投卖出时机的四种方法

| 文　孙振曦

上一节分析了基金定投从不同时间开始、不同时间结束对收益率的影响。本节我将针对如何选择卖出时机,分享四种具体的、相对来说比较容易操作的方法。

一、目标达成法

目标达成法挺简单的。一开始做基金定投,每个月投 1000 元,最后要达到一个什么样的目标呢?应该在定投开始之前就设定一下。

第一种方法,等账户里总市值达到 10 万元就卖出。当然我们一般所说的卖出时机,账户显然不可能处在亏损的状态,如果是亏损的话那显然是不适合卖出的。我们说的目标达成法,是你达到目标金额之后,仍然处在一个不错的赢利状态就卖出,比如金额达到 10 万元,其中 7 万元是本金、3 万元是利润,这就是一个适合卖出的时间点。

第二种方法,就是给自己设定一个收益率,比如说同样每个月投 1000 元,等到某一天总收益率达到了 50% 就卖出。

目标达成法还有第三种方法,就是设定年化收益率,达到目标年化收益率就卖出。

总而言之,目标达成法就是给基金定投设置一个刚性的利润目标,达到之后就卖出。这个目标可以是总的赚到的钱,可以是总的收益率,也可以是年化收益率。大家可以把这个作为一种比较简单的、入门级的方法试一试。

二、指数估值法

每一个周期中都有高位有低位,比如中证 500 指数的一个周期中有高峰也有低谷,卖出基金的时机之一是可以选择基金明显高估的时候卖出。

怎么评估估值是否偏高呢?可以参考的指标是市盈率。市盈率是股票市场上比较常见的指标,它不是从绝对的数值去考虑,而是从历史数据的纵向上去比较。比如把历史上所有市盈率排个序,看看现在指数的市盈率处在多少百分位。如果现在的市盈率数值比历史上 90% 的时间都要高,就认为它处在偏高的位置;如果它比历史上 90% 的时间都要低,那么它就处在相对便宜的位置。用这样的方式可以进行纵向的比较。

我们在很多地方都可以看到市盈率的长期排位,比如在蚂蚁财富、雪球网、天天基金网上都可以查看到相应的数据。以天天基金网 App 为例,如下图 5-2 所示,进入首页后可以看到有一个"指数宝"栏目,点击进入后,在搜索框输入想要了解的指数，比如"中证 500"，进入中证 500 后，在页面上"估值"这一栏，就能看到市盈率和目前市盈率在历史上的百分位。

图 5-2　通过天天基金网 App 查询基金市盈率排位

资料来源：天天基金网 App。

三、小白进场法

第三种卖出的方法称作"小白进场法"或是"傻瓜进场法"。不管是中国的股市，还是其他成熟市场，有大量的新手投资人或是不太懂行的投资人疯狂涌进来买股票或者买基金，往往意味着这个市场已经处在一个过热的状态，或是非理性的状态。这时候就得非常注意，因为热度一旦消退就有可能迎来暴跌，所以这也是我们需要提前卖出的一个信号。

有非常多投资人讲过类似的方法。我个人比较喜欢的是彼得·林奇的"鸡尾酒会法"，说的是去参加一个鸡尾酒会，发现这个鸡尾酒会上有很多不懂股票的人都在大肆讨论股票，或者向身边的人推荐股票，这个时候就意味着市场已经到了非理性的、比较疯狂的阶段，彼得·林奇认为就到了卖出的时机。

彼得·林奇把"鸡尾酒会法"讲得非常生动，这是他自己的亲身经历，我们也可以用类似的方法举一反三。我们可能不会去参加鸡尾酒会，但是你可能会在办公室发现这样的情况。比如你同一办公室的同事之前并没有炒股的经验，突然在某一天开始热烈地讨论股票，并且开始相互推荐股票。又如你在一个和股票不搭边的公司，却在电梯里遇到这种热烈讨论股票的情况。再如你在地铁上、公交车上、咖啡馆里、商场里，如果你在不同的场合频繁地听到、看到类似的情况时，你就应该注意了，这个市场是否存在过热的趋向。

指数估值法评价的是市场本身估值的高低，而小白进场法评价的是市场的情绪，如果把这两种方法结合起来，做有目的的观察，还是比较容易观察到这个市场是否处在比较高的位置,是否适合卖出或者是否适合买入。

四、逢高回撤法

逢高回撤法是我个人最喜欢的方法。因为第一种计算起来比较麻烦和复杂。第二种和第三种需要去有意观察,并且观察的指标并不定量,而是需要依据主观的判断。但是在牛市最后一段时间,往往是非理性加疯狂地上涨,在短期内会带来巨大的回报,过于主观的判断就有可能导致你丧失最后阶段非常多的利润。所以要平衡一下这几种方法的优缺点。

逢高回撤法能够在第二种和第三种方法结合的基础上,做到平衡回报。它非常简单粗暴,不做主观判断,不去猜哪一天是最高点、估值到了哪个阶段是高位。逢高回撤就是指等到它过了最高点之后回撤,也就是在它处于下跌状态,确认了后面会一直下跌的时候卖掉。

经济学、金融学上讲,在泡沫破裂之前,你其实并不知道什么是泡沫,你也不知道泡沫多大,只有等到它破了之后才知道。那么基金定投也是一样,像在2015年牛市的时候,上证指数3500点的时候有人在喊高,4000点的时候有人在喊高,4500点的时候有人在喊高,到了5000点的时候还是有人在喊高。但是过了3500点、4000点、4500点的时候,上证指数都还在涨。所以我们站在5000点的位置时,也不知道那个时候是不是最高点。我们在什么时候确认5000点是最高点呢?就是等到上证指数在5000点之后下跌15%或20%,它的下跌趋势确立之后,我们才明白这一轮牛市结束了。

所以逢高回撤法就是在牛市的最高位之后,基金在短时间里面回撤15%,或者把标准设得宽一点,回撤20%,那么我们认为它下跌的趋势是确立的,将这个时间作为基金定投卖出的时间节点。

逢高回撤法是我自己做基金定投时所使用的方法。而前面三种方法是辅助参考,特别是第二种和第三种。它会让我在牛市的最后阶段建立对市场的基本认知,这样随时能够注意到是不是要做调整;而在牛市的相对底部阶段,它也同样会给我提醒,是不是要开始基金定投或是加仓。

以上我讲了关于基金定投的四种卖出方法,不管是哪种方法,我的建议都是一次性卖出。

当然很多时候,我也推荐大家做分批卖出,但是分批卖出涉及很多具体的操作问题,比如仓位管理,会增加难度。如果是初学者,建议不要分批卖出。你在第一次做定投时,其实可以考虑零存整取、一次性卖出,在以后的定投中,可以慢慢地去适应分批卖出的方法。

小结一下,选择合适卖出时机的方法有四种:第一种是设定收益率或总回报的目标;第二种是观察目前指数的估值在历史上处于相对较高还是较低的位置,在相对较高的位置卖出;第三种是发现市场处于非理性的状态,有非常多小白开始冲进来的时候,可以考虑卖出;第四种是等到牛市结束,回撤了15%或20%,下跌的趋势确立之后再卖出。

总而言之,设定一个开始时间,然后开始定投,不要管中间的涨跌,然后确立卖出的标准,等到标准被满足就卖出,这就是一轮定投的简单过程。

第六节
基金定投的六大原则

|文 孙振曦

第一条原则，记住定投的三个关键点：一是选择好的基金；二是不要管买进的时间，无脑买进就可以；三是要选择卖出的时间，卖出的方法要比较聪明。总的来说，基金定投是一个不在乎过程，只在乎结果的投资理财方法。你对基金定投的任何理解，都可以围绕着这三点去展开。

第二条原则，基金定投过程中的盈亏不重要。它是一个关于周期的故事，所以中间所有的亏损和赢利，都是沿途的风景，亏损和赢利都是账面上的，只有在赎回的时候才有真正的收益。所以当你符合前面的第一条原则，选择了一个好基金的时候，在下跌的时候还要继续定投，要非常勇敢、非常果决地继续买入，保持节奏，不要停止扣款。即使碰到像股灾这样的情况都不要改变风格，持续下去，因为一旦这样的风暴结束，基金的收益水平也自然而然会回到它原来该在的地方，几年下来的收益率总是不错的。等你赚的足够多了,达到了你自己想要的目标,或者到了你认为可以退出的时刻,再停止定投,把所有的基金都赎回。

第三条原则,做基金定投一要定期复盘,并合理调整你持仓的基金。基金本质上是由专家管理,那么选择好基金其实就是选择好的专家,最重要的标准就像我们看人一样,是他过往的绩效。虽然一个人的过往不代表他的未来的全部,但是过往的绩效仍然是判断他能力最好的方法。并且查看过往绩效时,我们不要单单看他过去 3 个月、6 个月的业绩,要看过去 1 年、5 年,甚至 10 年的业绩。我们要看的是他在每一年的回报,例如他在 2020 年的回报怎么样,2019 年的回报怎么样,2018 年、2017 年、2016 年、2015 年的回报分别怎么样。如果他在每一年的回报总体上非常稳定,并且收益率也非常不错,那么毫无疑问,这位专家在所有的基金经理当中是一个优等生。只要这样的优等生的投资风格不发生特别大的漂移,你就可以放心去买他管理的基金。当然,需要特别注意的是,我们要密切关注这个优等生有没有离职。当基金经理更换之后,我们要特别注意基金的动向,如果换上来的基金经理仍然是一个过往业绩非常亮眼的基金经理,我们可以不去变换投资。如果换上来的是一个新的基金经理,经验不足,或者他过去的成绩不怎么样,那么我们应该毫不犹豫地从这只基金当中退出,重新申购另外符合标准的基金。

第四条原则,基金定投并不是完全不择时。基金定投是一种分散择时的策略,很多人都会说,基金定投是一种不需要择时的策略,其实并不对,或者不完全对。基金定投的进场是无须择时的,但退出是需要选择时机的,这是一种半择时策略。所谓的基金定投降低投资风险,说白了只是因为基金定投投资人投的风险资产比较少而已,因为在整个定投周期里,平均来说配置的资产是一半的现金和一半的股票。因为钱是一笔一笔投进去的,这样的投资风险显然比一开始就全仓投入的风险要低很多,因为你有一半的钱在银行躺着呢。所以你可以这样理解,基金定投投得少,所以风险小,回报也会相应低一些。而如果你的买入时机和卖出时机都选择得非常好,那么你的回报也就高。前提是你买入的平均成本比较低,同时你卖出的时机选得不错,卖得比较高,当然这一点并不是很容易实现。

第五条原则,基金定投可以被当作一种高利率的强制储蓄,甚至某种程度上,你可以把定投的过程理解成一个类似买房按揭的过程。在银行的按揭当中,你每个月都要支付一定的房贷和本金,那么定投的作用其实是类似的。银行每个月把你收入的一部分自动转到基金当中,这对于很多储蓄习惯不好的朋友,比如说月光族,其实形成了一个良好的投资行为规范,强制他们养成一个非常好的储蓄习惯,这是在我看来定投非常重要的功效。对于很多进行早期投资的年轻人来说,定投是一个增加储蓄,尤其是增加强制储蓄的投资方式。而等到你 30 多岁、40 多岁以后,资产总量已经增加到比较可观的程度,你会发现其实基金定投不能解决你的根本问题。因为它前期的投入很少,造成资金使用效率比较低,没办法让你所有的钱高效地产出投资收益。

第六条原则,我们在做基金定投的时候,不要把周期拉得过长,也不要过短。过短的意思是定投最好不要短于一年,过长的意思是定投最好不要超过 5 年,或者至少不要超过 10 年。一般来说一轮基金定投,持续 3~5 年是一个比较好的周期。因为定投 3~5 年就经历了至少一轮小的周期,而 7~10 年可能有一轮大周期。大的周期可以被分成两个 3~5 年的小周期,我们的定投围绕一个小周期展开其实就足够了,因为你等待的大周期是不确定的。在一轮定投之后，你的本金量应该会达到一个至少还不错的级别，比如说你从刚工作开始定投，那么经过 3~5 年的定投之后，可能有十几万元、几十万元。这个时候，你有一大笔钱，就可以考虑是拿这笔钱去买房还是做其他的投资。在这个时候，定投不应该成为你唯一的投资手段，它没办法完全满足你的投资需求。所以我们就不要动辄用 30 年、50 年的时间来进行定投，它在这样长的周期里基本上是不太可能解决你的根本问题的。定投的时间越长，基金账户中的钱金额就越大，这使得后面每一笔增量资金产生的影响就越小。假设你定投的资金已经有 100 万元了，每个月定投 3000 元，那么再新增的 3000 元成本再低，它对整个 100 万元的盘子影响会很大吗？并不大，哪怕你定投一年也就增加了五六万元，五六万元的成本再低，也不可能把 100 万元的平均成本拉到非常低的程度，所以基金定投的周期时长一定要把握好。

最后，哪些人群适合基金定投呢？首先，因为基金定投的门槛比较低，它比较适合资金量比较小的投资人；其次，基金定投比较适合投资新手或者说工作非常繁忙的人，省时省力，入门比较容易；再次是月光族，定投可以帮你强制储蓄；最后适合投资属性比较稳健的人，定投可以帮你做一揽子投资，风险相对比较低——但你也要明白，这种风险的降低也带来了同样程度的收益率的降低。

第6章

参与境外资本市场的投资

全球化投资,本质上也是配置投资组合的一种方式。配置的精髓,在于寻找低相关性的资产,再把它们组合在一起。2010—2020年,仅仅在股票市场,就有7个不同国家和地区成为过当年度股票市场的全球最佳;同时,如果放大到全资产品类,其中4年收益率最佳的资产是债券。如果你能够参与全球资本市场的投资,就意味着你已经能够最大限度地降低投资风险。

第一节
为什么我们需要投资境外市场？

文 贾泽亮

2011年，我开始协助全球的客户投资环球资本市场，包括股票、债券和基金等。那时投资境外基金的客户主要来自中国香港和海外，中国内地客户的比例不到10%。2015年以后，这个比例急速攀升，越来越多的内地人开始涉足境外股票和基金市场。如今，内地客户已经是香港资本市场最主要的参与者。

但更多的投资者仍然对境外市场十分陌生。这主要有两个方面的原因，一方面，部分投资人认为机遇哪里都有，内地的机遇可能更大。第一，中国是全球发展速度最快的主要经济体；第二，内地入选世界500强企业的数量世界第一，而在2001年中国刚刚加入世贸组织之时，内地仅有12家企业上榜；第三，在中国投资，普通的投资者不需要学习新语言；第四，由于后发优势，中国已经拥有最先进的互联网交易平台和工具。

另一方面，我们内地人都认为，钱财放在身边最安心。这些年，我们看到身边很多人在境外市场收益颇丰（最多的当然是美股），但依然改变不了大多数人还是坚守只在内地投资，因为对他们来说，在内地投资简单、清晰，也更加容易。就像我们出国旅游，再喜欢其他国家，当我们回到祖国时，依然感到快乐、安全。投资也是如此。那么，问题就来了，我们为什么非要舍近求远，投资完全不熟悉的境外市场呢？原因其实也很简单，因为这样的心态会让我们错失很多投资的机遇。对于每一个内地投资者来说，都需要认识和了解境外市场。

首先，随着全球一体化的发展，特别是近些年地缘政治、中美关系对A股的影响越来越大，因此无论是否投资境外金融产品，都需要保持对境外市场的关注，也就是需要对境外股票市场和基金市场有所了解。

其次，中国内地市场并非完美无缺。2020年入选世界500强的124家中国内地企业平均赢利不到36亿美元，不但低于美国企业的70亿美元，也低于世界平均数41亿美元。具体来看，这124家中国内地企业总利润的44%全部由其中10家大型银行贡献，非银行企业的平均利润仅22亿美元。作为对比，美国非银行企业平均利润高达63亿美元，接近中国内地企业的3倍。同样的，在2020年全球最赚钱的50家企业中，中国只占11家，其中6家为国有银行、2家仅在境外上市的企业（阿里巴巴和腾讯）、2家境内外两地上市的公司（中国移动①和中国平安）和1家中国台湾企业。不难看出，如果我们的眼光仅局限于境内，会错过很多优质的投资选择。

再次，纵观历史，我们发现，从没有任何一个市场能一直表现优异。我

---

① 2021年中国移动披露招股说明书，预计2021年内正式在A股上市。

第 6 章 | 参与境外资本市场的投资

们收集了世界上 10 个主要股票市场在 2010—2020 年的平均表现,并且按年排序,如图 6-1 所示。

2010年	2011年	2012年	2013年	2014年	2015年	2016年	2017年	2018年	2019年	2020年	2020年四季度	2010—2020年 年化收益率	年化波动率
东盟 32.4%	美国 2.1%	印度 26.0%	美国 32.4%	中国A股 52.1%	日本 9.9%	中国台湾地区 19.6%	中国 54.3%	美国 -4.4%	中国台湾地区 37.7%	韩国 45.2%	韩国 38.6%	美国 13.9%	中国A股 24.0%
韩国 27.2%	东盟 -6.1%	中国 23.1%	日本 27.3%	印度 23.9%	中国A股 2.4%	美国 12.0%	韩国 47.8%	印度 -7.3%	中国A股 37.2%	中国台湾地区 42.0%	中国台湾地区 23.2%	中国台湾地区 10.8%	印度 23.1%
中国台湾地区 22.7%	欧洲 -10.5%	东盟 22.8%	欧洲 26.0%	美国 13.7%	美国 1.4%	韩国 9.2%	印度 38.8%	中国台湾地区 -8.2%	美国 31.5%	中国A股 38.4%	印度 21.2%	中国 7.8%	韩国 21.3%
印度 20.9%	韩国 -11.8%	亚太(除日本) 22.6%	中国台湾地区 9.8%	中国台湾地区 10.1%	欧洲 -2.3%	亚太(除日本) 7.1%	亚太(除日本) 37.3%	东盟 -8.4%	欧洲 24.6%	中国 29.7%	中国 20.8%	中国A股 7.5%	中国 20.4%
亚太(除日本) 18.4%	日本 -14.2%	韩国 21.5%	韩国 4.2%	东盟 8.3%	印度 -6.1%	东盟 6.2%	中国A股 32.6%	日本 -12.6%	中国 23.7%	亚太(除日本) 22.8%	亚太(除日本) 19.2%	韩国 7.0%	中国台湾地区 17.8%
日本 15.6%	亚太(除日本) -15.4%	欧洲 19.9%	东盟 4.0%	中国 6.4%	东盟 -6.3%	日本 2.7%	东盟 30.1%	亚太(除日本) -13.7%	印度 20.1%	印度 18.4%	中国A股 18.4%	日本 6.8%	欧洲 16.9%
美国 15.1%	中国 -18.2%	中国台湾地区 17.7%	亚太(除日本) 3.7%	亚太(除日本) 3.1%	中国 -7.6%	印度 1.1%	中国台湾地区 28.5%	欧洲 -14.3%	亚太(除日本) 19.5%	日本 15.9%	欧洲 15.7%	亚太(除日本) 6.5%	亚太(除日本) 16.8%
中国 4.8%	中国台湾地区 -20.2%	日本 16.0%	中国 -2.6%	日本 -3.7%	亚太(除日本) -9.1%	欧洲 0.2%	欧洲 26.2%	中国 -18.7%	日本 13.1%	欧洲 14.9%	日本 15.3%	欧洲 5.9%	日本 13.9%
欧洲 4.5%	中国A股 -20.5%	中国A股 10.9%	印度 -3.8%	欧洲 -5.7%	中国台湾地区 -11.0%	中国 -1.4%	日本 24.4%	韩国 -20.5%	韩国 8.6%	美国 5.9%	美国 12.1%	印度 3.4%	美国 13.6%
中国A股 -8.4%	印度 -37.2%	美国 8.4%	中国A股 -4.5%	韩国 -10.7%	韩国 -18.4%	中国A股 -15.2%	美国 21.8%	中国A股 -27.6%	东盟 7.6%	东盟 -6.2%	东盟 11.2%	东盟 2.1%	

图 6-1 摩根资产管理公司著名的投资棋盘图

如图6-1所示,在2019年和2020年,中国A股的表现非常抢眼,通常这些时间也是中国大众投资者最关注股市的阶段。但在2018年,中国A股的表现在10个市场中垫底。这种现象在早几年尤为明显。从2010年到2013年,非常多的内地投资者进行境外投资的主要原因就是对于A股市场过于失望。以2010—2020年平均收益计算,A股位列10个市场中的第四,超越同期亚洲和欧洲其他主要经济体,但是平均波动率却排在第一,将近美国的2倍。中国A股就像班上发挥极其不稳定的"好学生",状态好时一马当先,但是低谷期成绩就会惨不忍睹。这时候如果我们怀抱全球投资的视野,就会发现A股失利之时世界上还有其他良好的投资机会。

我们常说股票的收益比债券高,但是如图6-2所示,在2010—2020年期间,有4年时间,10类资产中收益最高的都是债券,甚至现金。看平均表现,全球高收益企业债的收益位居第二位,与亚太股票(除日本)持平,仅次于成熟市场股票。也就是说,在2010—2020年里,如果你在新兴市场做股票投资,收益率即使达到了市场平均水平,也不如一直持有企业债券的收益。

不同的市场情况下,一些看似收益不高的资产,实际上却为我们带来非常可观甚至超越股票的收益。而像债券、多元化投资这些投资标的,通常都是以基金的形式进行投资。这也是境外基金的另一个用途,帮助我们分散单一的股票资产的风险,获得超额收益。

最后,投资境外市场可以帮助我们降低投资风险。对于投资者,如何降低风险本质上是资产相关性问题,也就是一个变量和另一个变量之间如何互变的问题。正相关性是指变量之间同时、同方向变化;负相关性是指变量之间同时、反方向变化;不相关是指变量之间不按明确的、互相关联的方式

第 6 章 | 参与境外资本市场的投资

2010年	2011年	2012年	2013年	2014年	2015年	2016年	2017年	2018年	2019年	2020年	2020年四季度	2010—2020年年化收益率	2010—2020年年化波动率
新兴市场股票(除亚洲)18.9%	新兴市场债券8.5%	亚太股票(除日本)22.6%	成熟市场股票27.4%	亚洲债券8.3%	亚洲债券2.8%	新兴市场股票(除亚洲)25.2%	亚太股票(除日本)37.3%	现金1.8%	成熟市场股票28.4%	亚太股票(除日本)22.8%	新兴市场股票(除亚洲)23.3%	成熟市场股票10.5%	新兴市场股票(除亚洲)22.8%
亚太股票(除日本)18.4%	美国投资级企业债券8.1%	全球投资级企业债券18.9%	成熟市场企业债券8.4%	美国投资级企业债券7.5%	全球投资级企业债券1.2%	全球投资级企业债券14.0%	新兴市场股票(除亚洲)24.77%	亚洲债券-0.8%	亚太股票(除日本)19.5%	成熟市场股票16.5%	亚太股票(除日本)19.2%	全球投资级企业债券6.5%	亚太股票(除日本)19.5%
全球投资级企业债券12.0%	全球债券5.6%	新兴市场债券18.5%	多元化5.4%	新兴市场债券5.5%	现金0.0%	新兴市场债券10.2%	成熟市场股票23.1%	全球投资级企业债券-1.2%	新兴市场股票(除亚洲)16.9%	多元化11.2%	成熟市场股票14.1%	亚洲债券6.5%	成熟市场股票14.1%
成熟市场股票10.6%	亚洲债券4.1%	成熟市场股票16.5%	亚洲债券3.7%	成熟市场股票5.5%	成熟市场股票-0.3%	成熟市场股票8.2%	多元化17.2%	美国投资级企业债券-2.5%	多元化16.4%	美国投资级企业债券9.9%	多元化9.8%	多元化6.4%	多元化9.1%
多元化12.3%	全球投资级企业债券2.6%	多元化15.4%	现金0.0%	多元化3.3%	多元化-0.7%	多元化8.1%	全球投资级企业债券10.3%	全球投资级企业债券-3.5%	美国投资级企业债券14.5%	全球投资级企业债券9.2%	美国投资级企业债券5.5%	新兴市场债券6.0%	新兴市场债券7.8%
新兴市场债券9.0%	多元化-2.4%	美国投资级企业债券14.3%	亚洲债券-1.4%	亚洲债券3.1%	多元化-3.2%	全球债券6.1%	全球债券7.4%	多元化-4.6%	全球投资级企业债券13.4%	亚洲债券6.3%	全球投资级企业债券3.3%	美国投资级企业债券5.6%	全球投资级企业债券7.5%
全球债券5.5%	成熟市场股票-5.1%	美国投资级企业债券14.3%	全球投资级企业债券-1.5%	全球投资级企业债券0.6%	多元化-3.4%	亚太股票(除日本)5.8%	亚洲债券6.4%	多元化-6.0%	亚洲债券11.3%	新兴市场债券5.9%	新兴市场债券3.0%	多元化5.6%	亚洲债券5.1%
现金0.1%	全球债券0.1%	全球债券4.3%	全球投资级企业债券-2.6%	全球债券0.0%	全球债券-4.9%	全球债券2.1%	亚洲债券5.8%	成熟市场股票-8.2%	全球债券6.6%	现金0.5%	亚洲债券1.8%	全球债券2.8%	新兴市场债券4.6%
	亚太股票(除日本)-15.1%	现金0.1%	新兴市场债券-6.6%	现金0.0%	亚太股票(除日本)-9.1%	现金0.3%	现金0.8%	新兴市场股票(除亚洲)-11.5%	现金2.2%	新兴市场股票(除亚洲)-3.7%	现金0.0%	现金0.6%	全球债券4.4%
	新兴市场股票(除亚洲)-19.6%		新兴市场股票(除亚洲)-9.3%	新兴市场股票(除亚洲)-13.3%	新兴市场股票(除亚洲)-25.1%			亚太股票(除日本)-13.7%				新兴市场股票-2.3%	现金0.2%

图 6-2 2010—2020 年全球 10 种主要资产类型收益

变化，也就是变量之间的变化是随机的。一般而言，我们投资组合中资产间的负相关性越高，就越能有效降低投资风险。相反，正相关性高的资产是无法通过分散投资来降低风险的。这就是为什么很多人会发现自己的基金同涨同跌，在这种情况下即使选择再多基金也很难真正降低风险。而当我们将一部分投资放在境外市场，就给了我们同时实现这两个目标的机会，既获取了资本的增值，同时也降低了风险。

第二节
了解境外基金第一步：认识境外市场

| 文　贾泽亮

对于投资新手来说，投资境外基金最大的障碍之一就是不知从何入手。

如果要我们去分析一家外国公司，我们可能只会通过百度了解这家公司的主营业务，然后查询下公司的股价和市盈率。如果是基金经理，投资决策过程会复杂得多。他们需要研究相关经济数据和公司财务数据，还要综合考虑不同国家的国情、政治以及文化差异。

我们为什么首选通过基金的形式投资境外市场，这就是重要的原因之一——选择境外基金要比选择境外股票容易得多。我们无须研究几百家陌生的外国企业和复杂的财务报表。但即便如此，对比一般的投资者，投资境外基金仍然要付出更多的时间和精力去建立自己的投资体系。

在境外基金的投资中，建议大家使用"自上而下"的分析方法。所谓"自上而下"的分析方法，就是首先对全球宏观经济有一个总体的把握，然后对比筛选出发展迅速、业绩优异的国家或地区,最后再针对该市场选择最适合的基金进行投资。简而言之,从全球宏观到细分市场,最后再挑选个别基金。

境外市场金融产品比内地更加丰富,金融创新花样百出。在内地,常见的基金包括股票基金、债券基金以及各类货币基金。在境外,除此之外还有大量的商品、房地产以及一些配置型基金。

我们来看几只特别的境外基金。

英仕曼多元化期货基金(Man AHL Diversified Futures)。这是一只著名的期货对冲基金,体量大约1.3亿美元。这只基金的基金经理是英仕曼开发的 AHL Diversified Programme,也就是一个电脑程序。按照既定的程序进行全自动化的期货投资,能有效避免人性缺陷造成的风险,这使它成为绝佳的分散投资组合风险的工具。这只公募基金在境外的很多基金平台出售,门槛也并不高。

Brandeaux 学生公寓基金(Brandeaux Student Accommodation Fund)。这只基金专门投资英国学生宿舍,通过购置宿舍楼以及公寓楼,再转租给学生,以赚取租金。该基金过去每年可以获得9%左右极其稳定的收益。但这类基金的风险和普通投资基金也不同。由于监管规则的变化,这类非金融投资类基金的销售后来需要受到当地金融监管机构的监督。比如这只基金突然被禁止在世界上绝大多数地区发行,很多国际投资者开始赎回基金。而这类主要资产是物业的基金流动性极差,无奈下,基金宣布暂停赎回,开始慢慢出售基金里的物业。整个赎回过程耗时超过两年。

每一个新鲜的事物在问世时都可能带来额外的收益,也有可能带来额外的风险。这在更自由、更成熟的境外市场中,尤其值得我们注意。例如中行的原油宝基金虽然在内地发售,但是投资标的挂钩境外原油期货,因此也属于广义上的一只"境外基金"。很多投资者在分不清期货和现货的情况下,盲目杀入原油期货基金,最后不但血本无归,反倒欠了银行钱。这就是对境外市场不了解的情况下盲目投资的结果。

所以投资境外基金的第一步就是认识境外市场。作为初学者,我们可以把基金市场分为三类:股票市场、债券市场和其他市场。

对于股票基金而言,我们可以通过发达程度以及地理国别来细分市场,例如可以分为新兴市场和发达国家市场。新兴市场可以包含中国主题、亚太主题、东南亚主题、拉美主题、中东北非主题等不同国家和地区主题;而发达国家市场也可以被细分为美国、欧洲大陆、英国、日本等。只要不是特别小众或者体量过小的市场,在境外基金中都可以找到与之对应的股票基金。

债券基金的分类方法比股票更多。除了根据地域国别划分外,我们还可以依据债券风险的不同,将债券分为投资级别债券和高收益债券等,再根据国家地区和货币的不同,划分更细的类别。例如最常见的大中华区高收益债券,就是投资大中华区的企业所发行的高收益债券。类似的有美国高收益债券、新兴市场高收益债券、全球政府债券等。

作为初学者,股票市场和债券市场已经涵盖了我们境外基金投资的主要领域。我们可以把股票和债券以外的其他市场统称为其他市场,比如说货币基金、期货基金、金融衍生品基金等市场。这些投资市场通常能够有效分散我们整个基金组合的风险。

"自上而下"分析策略的第一步就是通过宏观分析,在众多的投资市场中,选择我们所要投资的那一个。接下来的工作就是有方向地搜寻投资该市场的境外基金。

金融科技的发展让这个过程变得很简单。很多境外基金的交易平台都有筛选主题的功能,我们可以通过网页或者手机软件直接查看所有中国股票主题或者美国债券主题的基金选择。但如果所使用的平台没有该功能,则可以使用搜索关键词的方式来实现。例如:想寻找新兴市场基金,可以简单地搜索关键词"新兴市场";如果想寻找美国股票基金,可以直接搜索"美国股票"。当然,如果所使用的基金平台只支持英文操作系统,那么我们搜索对应的英文关键词就可以了。

对于主流投资市场,基金平台通常会提供几只甚至几十只同类型基金供选择。那么如何对比同类型的境外基金呢?有7个角度可以作为对比的参考。

第一,过往业绩。基金近期(年初至今或近一年)的表现是衡量基金经理水平的重要指标。而除了对比近期业绩外,还可以对比几个特定年度的基金表现。例如2018年全球股市大跌,这一年的业绩可以体现一只股票基金的风险管理水平和抗跌能力。而2017年或者2019年,全球股市整体不错,通过这两年的业绩可以看出一只基金在牛市中的表现。

第二,基金公司背景。境外基金公司数量众多,很多历史悠久的公司已经树立了独特而成熟的投资风格。例如惠理基金以崇尚价值投资而著名,摩根资产则擅长地区性投资。对境外基金公司的了解需要漫长的经验积累,很难一蹴而就。对比新兴基金公司,知名大型基金公司的出错率会更低一些。

第三,成立时间。境外基金发展较早,通常能够追溯足够的过往业绩。我们在面对新成立的基金时应当格外注意。

第四,基金体量。境外基金通常比内地基金体量更大,单只基金可以超过千亿美元规模，百亿美元规模的基金更是比比皆是。大基金好还是小基金好，不能一概而论。体量大的基金像是一艘大船，而体量小的基金像是一艘小船。大船更多人（资金）选择，船员（投研团队）更多，通常策略相对保守，航行也比较稳定，但冰山来临时，大船调头更难，所以大基金的投资策略通常更长期。而对比之下，小船灵活，在突发事件中容易避开风浪。大基金和小基金没有绝对的优势和劣势，但我建议规避选择体量过小的基金。

第五，主要持仓。境外基金公司会定期对每一只基金提供一份基金单页文件，英文叫 factsheet，这份文件会展示基金最新的主要持仓。我们可以根据自己的偏好选择基金持仓更接近我们预期的基金。

第六，派息还是非派息。很多境外债券基金以及部分股票基金可被分为派息组别和非派息组别。派息组别就是基金价格波动之余，基金会定期向投资者派发现金利息。而非派息组别会将这些利息重新投资到基金本金当中。事实上，派息并不会为投资者带来额外收益，但是会提供更灵活的现金流，而非派息组别则必须通过赎回基金才能变现收益。

第七，绝大多数的境外基金是美元基金，当我们投资不同货币的基金时，除了考虑市场风险之外，还需要考虑汇率的风险。有时同一只基金会有不同的货币组别，我们可以根据需要选择适合自己的货币。

第三节
如何选择适合自己的投资市场？

| 文　贾泽亮

根据上一节讲到的"自上而下"分析方式，是构建境外基金组合的第一步。也就是总体上分析全球经济，然后筛选出最有潜力的投资市场。这也是我们在境外基金投资过程中的核心问题。

大多时候，我们投资的境外基金是否能赢利，取决于我们有没有选到一个更容易赚钱的市场。以股票市场为例，2010年的东南亚市场，2013年的美股，2014年、2019年和2020年的中国A股，当年大盘的表现都在30%以上。在这样的市场投资，无论选择哪只基金，收益都不会差。就像投资房产，过去十几年，北上广深的房价一路高歌，在这样的城市购房，出错率几乎没有。但如果楼市整体不景气，挑选楼盘投资就需要更加谨慎。

我们可以利用不同的指标来对全球各国宏观经济进行分析，其中有三个最基础的数据：经济增长率、通货膨胀率以及利率。大多数的经济指标都是作为这三个指标的附属成分而存在的。

首先,经济增长迅速的经济体能够为在市场中运作的公司带来更多的机会。分析经济增长是全球投资的起点,在最初学习分析经济时,无须过度纠缠特殊国家的具体情况,重点判断总体方向是什么、发展趋势如何这样等问题。

其次,关于通货膨胀。简单说,通货膨胀就是一个特定时间里商品和服务平均价格水平的上涨情况。过高和过低的通胀对经济发展都会造成致命的影响,因此各国中央银行最重要的职责之一就是维持一定的通胀率。

最后,利率是经济发展的关键驱动力之一。我们关注各国利率应当更关注利率的变化趋势而不是利率本身。趋势下降的利率会刺激经济,相反,趋势上升的利率会冷却经济。

面对错综复杂的境外市场,针对不同阶段的境外基金投资者,我们建议采用不同的市场筛选策略。

我们将投资者分为三类:初级投资者,几乎没有境外投资经验;进阶投资者,有一定的境外投资经验,但仍然有不了解的部分和板块;资深投资者,有一定的专业知识和相对丰富的投资经验。

为什么筛选市场时要考虑投资者的专业程度?因为越初级的投资者,越适合更长期的投资计划和更长周期的投资市场。这样的投资策略更容易被制订,长期的投资策略不需要时刻关注和改动,因此也不需要耗费更多的时间和精力。

我们要认识到,境外市场比内地市场更看重长期回报。这与境外市场的市场特性以及市场参与者的投资习惯有很大关系。我经常被朋友询问关于他们基金组合的问题,例如是否搭配得当、是否需要调仓,有时被问的频率是一周一次。这代表了中国内地投资者缺乏长期投资的观念和认识。

在境外,很多基金投资者十年如一日地跟随一家基金公司,甚至某个投资经理。在股神巴菲特每年的股东大会上,都会看到很多白发苍苍的投资者,他们已经忠诚地追随了巴菲特大半生。这个问题从另一个角度也可以看出来,在美国,基金经理的平均任期超过7年,即一只基金长期被同一个团队所管理,这样的基金有各自明确的投资风格。中国基金经理的平均任期只有一两年,他们频繁跳槽的原因之一是行业风气,做出成绩便会另谋高就或者自立门户,重新募资。

一、初级投资者:控制体量,分散风险

很多新手都喜欢"短平快"的投资项目,但真正适合初级投资者的是更长期的投资策略。"控制体量,分散风险"是初级投资者选择基金的八字箴言。控制体量是指首次做境外投资,总投入不应过大,可以抱着先试一试的态度。比方说先拿出可投资资金的10%,或者将一些平台的模拟盘作为练习。而分散风险指初学者对波动的承受力较弱,应当优先建立一个分散风险的稳定投资组合。例如40%美国板块、40%中国板块以及20%其他板块就是一个不错的选择。

首先,美国拥有全球最大的股票市场,也是最大的经济体。世界上绝大多数最优秀的企业均来自美国或者在美国上市。全球经济的整体发展,很大程度上由美股企业的发展决定。因此,美国市场是我们做境外投资最主要的板块。其次,中国是我们最熟悉的经济体,也是全球发展速度最快的主要经济体。因此,我们选择以40%的资金投资境外基金的中国板块。中国

板块不仅指中国A股,也包括在境外上市的中国企业。最后,当我们80%的资产已经布局在最重要的发达市场和发展中市场之后,剩余的20%可以根据喜好在其他板块自由搭配。

总体来讲,这样的投资策略在未来的3～5年都不需要做大的调整和改变,非常适合初级投资者。

二、进阶投资者:分析市场,重仓获利

对于进阶投资者的建议同样是八字箴言:"分析市场,重仓获利。"在分散风险的基础上,具有一定投资经验的投资者可以通过分析研究更加深入地细分市场,例如针对不同国家的不同行业,筛选出未来1～2年中最有潜力的市场,然后对其进行重点投资。

我们来看一个投资周期在1～2年的组合模板,20%投资全球科技板块基金、20%投资全球医疗健康板块基金、20%投资全球新能源行业基金、20%投资中国股票基金、20%投资亚太股票(除日本)基金。与初级玩家的投资组合对比,这个组合对市场的划分更加精细。全球科技板块、全球医疗健康板块和全球新能源行业,其主要公司仍然是美股公司,但是相对于初级投资者,我们在美国选择了一些特定的行业进行投资。同时,将之前配置40%中国板块改为20%中国股票基金和20%亚太股票(除日本)基金。其依据的配置逻辑是,中美关系若进一步恶化可能令亚洲其他国家和地区,例如东南亚国家获益,因此配置了20%的亚太股票(除日本)基金。这样的组合更加复杂,需要依托我们对于市场更精细的分析和一个比较详细的投资观点,所以较适合进阶投资者。

三、资深投资者:灵活操作,逐个击破

对于具备一定专业知识的资深投资者,同样也有 8 个字:"灵活操作,逐个击破。"在选择市场时,可以着眼更短的投资周期,例如 6~12 个月,甚至更短的时间。通常建议大家可以留有一定的现金或者灵活资产,比如货币基金和投资级别债券,当遇到好的投资机遇可以伺机入市,逐个击破。例如 2020 年 3 月,由于市场过度恐慌,美股连续熔断,如果此时我们认识到市场反应过度,就可以重仓杀入这些超跌板块,那么在接下来的几个月就会获得非常可观的超额回报。当然,这样灵活的操作也潜藏着巨大的投资风险。反面案例就是同时期的原油期货市场。如果投资者因为原油暴跌就盲目杀入期货市场,那么接下来的几个月就可能没有等到反弹,反而身陷泥泞。

另外,资深投资者可以关注更复杂的投资基金,例如对冲基金、期货类基金等。这类投资基金产品结构较复杂,但是与股票和债券市场相关度低,是绝佳的分散风险工具。

第四节
丰富的境外指数基金

文　贾泽亮

指数基金近些年非常热门,在境内外都是一种非常流行的大众理财工具。很多投资界名人,包括股神巴菲特,对指数基金都是推崇备至。在国外,指数基金被称为 exchange traded fund,简称 ETF,在中国内地被翻译为交易所交易基金,中国香港称之为交易所买卖基金,这些所指的是同一种投资证券。

对比一般的基金,ETF 有三个鲜明的特点。第一,ETF 在股票交易所上市,这也是"交易所交易基金"字面上的意思。因此,投资 ETF,不需要额外开设基金账户,只需要普通的股票账户就可以直接投资,交易方式与普通股票相同。第二,ETF 是被动型基金。所谓的被动型基金,就是基金经理在布局基金投资时,需要紧紧跟随市场上现有的投资组合或者指数成分,比如美国的标普 500 指数、中国的沪深 300 指数等,然后去复制指数的表现,这就是被动型基金。第三,ETF的收费更加便宜。无论是销售费用还是管理费用,相比其他的基金都要低很多。

根据这三个特点我们知道,对于ETF的基金经理来说,工作难度不在于如何去挑选一只好的股票或债券,而是如何去控制基金运营的成本,并且尽可能地复制指数的表现。为了达到这个目标,有的基金经理会完全按照指数的成分股布局投资。当然还有一些更复杂的操作,比如有些ETF会动用一些杠杆或者期货工具,形成增强型的指数基金。例如,如果所追踪的指数上涨10%,加了2倍杠杆的ETF理论上就应该上涨20%左右。

ETF备受推崇的主要原因是,投资者发现,在某些时段,ETF的表现会超越那些主动型基金。股神巴菲特就曾多次批评那些管理主动型基金的基金经理,不能打败市场的平均收益率。他甚至和这些基金经理进行了一个为期9年的赌约,看他们是否能打败美股标普500指数,结果是巴菲特胜出。

当然,ETF也有一定的局限性,市场上很多人对ETF提出了各种各样的质疑。有人诟病ETF在一些市场下跌的情况下,没有办法采取主动避险策略,只能眼睁睁看着指数下跌。ETF的流动性也常常被质疑,尤其在一些极端的市场情况下ETF可能无法支持大量的赎回。

总体而言,ETF是境外基金市场中非常重要的组成部分。下面我们来看一些常见的境外指数以及与之对应的ETF。

一、港股指数和ETF

恒生指数是香港市场中最重要的指数。它反映的是在香港证券交易所上市的50家规模最大、流动性最好的公司的股票走势。因此,恒生指数反映的是一篮子蓝筹股票的整体表现,它所代表的是香港股市的整体水平。这50家公司既包含中国香港的公司,也有外国和中国内地在中国香港上市的公司。

H股指数又叫作恒生国企指数,反映的是公司注册在内地,但是在香港上市的公司股票,后来范围扩展成在境外注册,但主要业务在内地的企业——比如腾讯——的股票。H股指数代表的是内地背景公司的整体表现。H股指数目前共包含了50家大型在港上市的内地背景公司股票。

无论是恒生指数还是H股指数,定位都是港股中市值千亿港币以上的大盘股。如果要看港股中小企业的表现,可以参考香港中小指数。香港中小指数的成分股有150多只,虽然叫中小股,但是实质上体量是相对的。香港中小指数成分股的市值集中在300亿~1000亿港币,对比内地,已经足够沪深300指数成分股的市值要求了。因此,港股中的中小板并不能等同于内地的创业板。

港股中最重要的三个指数,都可以在QDII基金中找到对应的ETF(见表6-1)。

表6-1 港股指数基金

追踪指数	场内基金代码	场外基金代码
恒生指数	159920	000071
H股指数	510900	110031
香港中小指数	501021	501021

二、美股指数和 ETF

美股市场是全球最大，也是历史最悠久的 ETF 市场。截止到 2020 年，在美国上市的可以交易的 ETF 超过 2000 只，总规模超过 4 万亿美元。相比之下，在中国上市的 ETF 目前只有 200 多只。美股 ETF 数量之多、种类之全，可以说无论想投资任何标的，在美股中基本上都可以找到相对应的 ETF（见表 6-2）。

表 6-2 部分美股指数基金

追踪指数	ETF 代码	追踪指数	ETF 代码
标普 500	SPY/IVV	MSCI 日本	EWJ
全美股票指数	VTI	MSCI 越南	VNM
罗素 2000	IWM	MSCI 马来西亚	EWM
纳斯达克 100	QQQ	MSCI 中国台湾	EWT
道琼斯指数	DIA	MSCI 中国香港	EWH
金融板块指数	XLK	沪深 300	ASHR
标普小盘股 600	SLY	MVIS GDP 非洲	AFK
MSCI 巴西	EWZ	MSCI 新兴市场低波动指数	EEMV
MSCI 印度	INDA	富时成熟欧洲指数	VGK
MSCI 俄罗斯	RSX	标普拉美 40 指数	ILF
MSCI 英国	EWU	WisdomTree 中东指数	GULF
MSCI 瑞典	EWD	高收益公司债	HYG

续表

追踪指数	ETF 代码	追踪指数	ETF 代码
MSCI 德国	EWG	投资级别公司债	LQD
MSCI 西班牙	EWP	20 年期以上美国国债	TLT
MSCI 法国	EWQ	1~3 年美国国债	SHY
MSCI 澳大利亚	EWA	美国抗通胀债券	TIP
MSCI 新加坡	EWS	美国原油近月期货	USO
MSCI 韩国	EWY	布朗特原油	BNO

标普 500 是美股中最重要的指数，很多国际投资者把这一指数当作美股的脉搏。它是根据在美国上市的 500 家最大的公司，以市值计算出来的指数。标普 500 既包括纽约证券所上市公司的股票，也包括纳斯达克上市公司的股票。标普 500 的成分股由一个专门的委员会选拔出来，一只股票的市场资本化流动性、财务的可行性、交易时间以及其他因素都会成为考量的标准，因此标普 500 是一个针对偏大型公司并且相对综合性的美股股票指数。

与标普 500 相比，罗素 2000 是我们常用来追踪美国中小型公司表现的指数。罗素 2000 大概代表了 2000 家美国中小型公司的表现。与标普 500 不同，它的成分股并不是由委员会挑选出来的，而是通过一个客观的公式筛选出来的。

纳斯达克 100 主要追踪 100 家在纳斯达克上市的科技类企业。比如我们常常听到的苹果、谷歌的母公司阿尔法贝塔、脸书、网飞、特斯拉等科技巨头，都在其中。

道琼斯指数也是耳熟能详的美股指数。它主要包含美国 30 家最著名的大型公司的股票,例如高盛、波音、通用、强生、英特尔、微软、3M 等的股票。这个指数涵盖的股票数量较少,但是精准地选择了各行业最知名龙头公司的股票。

美股的 ETF 数量繁多,通常同一个指数,会有多家不同基金公司推出不同 ETF 供大家选择。对于普通投资者来讲,它们之间的差别并不大。不过因为新的 ETF 通常体量较小,有时候追踪指数的误差比大型 ETF 要小一些。比如同样追踪标普 500 的 IVV 要比老牌的 SPY 体量小了很多,但追踪误差可能更小。流动性也是重要的考虑因素,历史悠久、实力雄厚的 ETF 这方面的风险更低。另外,还有一类 ETF,没有追踪现有的指数,而是自己设定一个投资标准。例如全美股票指数 ETF 所追踪的几乎是全美所有上市公司股票,数量超过 1600 只。从表现上看,这只 ETF 虽然涵盖股票数量很多,但实质上它的表现与标普 500 指数的走势相差无几。

美股 ETF 除了可以追踪美股市场指数外,也可以追踪世界其他国家和地区的指数。换而言之,利用美股 ETF,我们可以做到真正的全球投资。例如从地区上划分:像非洲、亚太的发达地区、亚太的新兴地区、欧洲、拉美,甚至中东市场,都可以找到与之相对应的 ETF;也可以具体到各个国家和地区,像巴西、欧洲大陆国家、英国等,也包括日本、韩国、中国香港和中国内地,我们都可以找到相对应的美股 ETF。除了股票市场之外,商品类的投资更是美股 ETF 的强项。美股中有非常多的商品 ETF,而这些 ETF 清一色是利用期货来实现价格追踪的。像石油、天然气、汽油等,像玉米、大豆、小麦、可可、咖啡、棉花等,像铝、铜、铅、黄金、白银等,都可以找到相对应的 ETF。还有一类 ETF,挂钩一些虚拟的资产或者根本没有对标资产。例如挂钩 VIX 恐慌指数的 ETF,用来投资对未来市场波动率的预期,既可做多也可做空。这类投资在世界其他地区非常少见,属于美国市场的特色性资产。

第五节
实战练习：认识境外基金

文 贾泽亮

金融投资看上去是一种虚拟投资，因为大多数投资的标的并不像房地产或者其他实物一样，看得见摸得着。因此为了让投资人更安心，基金公司提供了丰富的公开资料让我们能够尽可能了解它们的基金以及投资理念。这些资料是我们分析和挑选境外基金的重要依据，其中最重要的一份文件就是基金单页。这里为大家介绍几只有代表性的基金的基金单页。

一、被动型基金——SPDR ETF

SPDR ETF 是一只美股 ETF，股票代码 SPY。这只 ETF 1993 年成立，管理资产超过了 3340 亿美元（截至 2021 年 3 月）。这是美国市场第一只 ETF，也是世界上现存历史最悠久、体量最大以及交易最活跃的 ETF 之一。

SPDR ETF 挂钩美股标普 500 指数。

由于在美股交易，官方仅提供英文版本 SPDR ETF 的基金单页。ETF 的基金单页通常比一般基金更简单。第一部分是基金基本信息，比如成立时间、综合收费、基金经理信息等。第二部分是过往表现以及同时期的标普 500 指数表现。我们会发现 ETF 表现与指数表现基本贴合，这就是 ETF 被动追踪指数的结果。ETF 管理水平的高低不取决于绝对收益，判断标准是基金表现与指数表现间是否有误差，越贴合的 ETF 追踪能力越强。第三部分是主要持仓股票和布局行业。对于被动型基金，由于需要追踪指数，所以这部分内容通常与对应指数成分股是一致的。

境外的 ETF 非常丰富。SPDR ETF 的管理公司道富旗下就有上百只 ETF 追踪不同的指数，例如黄金 ETF、道琼斯指数 ETF、生物科技 ETF、金融行业 ETF 等。

二、主动型基金——摩根士丹利环球机会基金

一般来说，主动型基金也会以某个指数作为参考，但与 ETF 这类被动型基金不同，主动型基金的基金经理并不需要完全按照指数规划投资，所以主动型基金可以展示出非常鲜明的投资风格，可以主动出击或者主动避险。

我们以摩根士丹利环球机会基金为例，来学习主动型基金的基金单页。这只全球性基金投资标的分布世界各地，非常符合我们希望通过境外基金分散风险的需求，十分适合入门投资者选择。该基金可以在中国香港地区发售，因此官方提供中文版的基金单页。

在单页的右上角，是基金的晨星评级，该基金评级 5 颗星，也就是晨星的

最高评级。晨星是一家国际最权威的证券评级机构，国内很多公募基金也开始采用晨星评级。

晨星评级为我们选择基金提供了简单直接的参考依据。晨星评级是如何得出的呢？首先，晨星根据投资标的对基金进行分类，例如中国股票基金、欧洲高收益债券基金等。然后，在同类型的基金中进行风险和收益的综合对比并排名。最后，将排名通过正态分布分为 5 个级别，5 颗星是最高级别，1 颗星是最低级别。晨星评级最科学的地方就是对基金先分类、再对比，排除了行业和资产类别对基金表现的影响，能够更加客观地体现出基金经理本人的投资和风控能力。摩根士丹利环球机会基金在全球大型增长型股票基金的类别中，综合表现 5 颗星。这是对基金收益和波动率两方面的综合肯定。

在基金单页显示了基金经理叫作 Kristian Hengh，任职董事总经理，他加入公司的年份是 2001 年，代表着这位基金经理在过去 20 年里一直服务于摩根士丹利。从这个例子我们也看得出境外投资机构管理团队的连续性有多强。当然，如果我们发现基金管理团队发生变化，就需要审视基金的投资风格是否也发生了转变。

继续观察这份基金单页，在首页的右手边，我们看到基金的基本信息，包括成立时间、所参考的指数、总资产量以及基金收费。我们依旧可以发现，对比 ETF，主动型基金的收费要高得多。

接下来是基金的过往表现。现在在很多基金平台都可以查询到基金表现，而基金单页是查看基金表现的另外一个途径。我们对比同期世界指数会发现，除了 2016 年外，其他所有年份该基金的表现都超越指数，这是我们选择主动型基金的目的——获得平均收益以外的超额收益。

基金单页的第二页展示了该基金投资的地区、行业以及主要持股的企业。作为全球性股票基金,它的投资地区分布非常广,对比世界指数比例基本契合,但并非完全相同。这就是主动型基金区别于ETF的特点。

三、债券基金——惠理大中华高收益债券基金

很多人对债券的既定印象是风险低,但是收益也低。但事实却不一定如此,在特定的时段,投资债券可以获得比投资股票更好的收益。只不过债券这类固定收益投资不像买卖股票那样能够让人兴奋,因为它不具有收益快速增长的潜在可能性。这种刺激感的缺失让很多人排斥投资债券。

以体量计算,债券市场比股票市场更大。从可投性看,债券和股票对投资者同等重要。我们以惠理大中华高收益债券基金为例,来学习债券基金的基金单页。

这是一只投资中国企业在国外发行的美元债券的明星基金,2012年成立,截至2020年9月,该基金已经管理超过37亿美元的资产。基金经理叶豪华以及惠理集团主席谢清海都是亚洲资本市场股神级的人物。和股票基金一样,我们可以通过基金销售平台或者基金公司官方网站下载到最新的基金单页。

通过基金单页,我们可以发现债券基金的特点。

第一,投资门槛低。债券基金的投资门槛比债券更低。境外基金的门槛从几百美元到几万美元不等,而单只债券的买入门槛通常在10万美元以上。在基金单页的第二页,我们看到该基金持有135个债券发行人所发行的债券,这样的投资组合普通投资者是不可能直接完成的。正因为债券基金帮助我们分散投资,才最大限度降低了单只债券违约对于投资的整体影响。

第二，流动性强。债券基金的流动性比债券好。债券基金通常可以随时赎回，而单只债券面临着极大的流动性风险。例如2020年恒大地产爆出负面新闻，当时恒大海外美元债被大量抛售，债券的流动性急剧下降。之前新城控股、佳兆业、青海城投和北大方正都出现过类似情况。

第三，不同货币组别相互对冲。与股票基金类似，我们可以在债券基金的基金单页中看到持仓类型以及主要持有的债券信息，但也不难发现债券基金有很多区别于股票基金的特点。比方说，同一只债券基金通常比股票基金的分类更多。比如从基金单页中我们可以看到，惠理大中华高收益债券基金共分为8个货币组别。不同的货币组别有什么不同呢？从基金的投资分布我们看出，90%的持有债券是美元债券，也就是基金资产本身以美元为主。而港币执行与美元的联系汇率制度，我们可以把港币等同于美元。以美元或港币认购基金理所当然，但其他货币对冲是如何实现的呢？

以澳元对冲为例。投资者可以以澳元直接认购澳元组别基金，基金收到澳元之后，首先将其兑换成美元，然后再去投资美元债券。为了防止澳元兑美元汇率在投资期间发生变化，基金经理会同时购买澳元的远期外汇合约，来锁定澳元与美元之间的汇率。当投资人需要赎回基金，基金的美元资产再根据远期外汇合约兑换澳元，如此便规避了汇率波动对于收益的影响。

第四，有派息和不派息之分。惠理大中华高收益债券基金共分为8个货币组别，又根据派息与不派息再细分为派息基金和不派息基金。在境外基金的分类中，当我们看到Acc标识，全称accumulative，就代表这只基金是非派息类别。相对应的，MDis指的是monthly distribution，代表的就是每月分派利息的派息类别。当然还有按照其他频率派发利息的基金，比如每季度、每年等。基金派息与否指基金有没有定期向投资者派发现金利息。大多数的债券基金、少数的股票基金都有提供派息类别的选择。但是派息部分并非投资者的"额外收益"。同一只基金的派息和非派息类别，所投资的标的完全相同，因此我们会发现很多基金在派发现金利息后，净值会做出相应调整。对于投资者而言，两种类别的总收益是一样的。因此，我们完全可以根据自己的需求去任意选择一种类别，无须花过多的精力比较两者的绝对收益。

这里需要提醒大家，我们可以参考基金过往的派息金额和派息率，但基金公司并不会就旗下基金的派息金额或派息率向投资者做出任何的承诺或者保证，基金经理通常会保留是否派息以及派息多少的最终决定权。这样的声明在基金单页中也可以看到。

基金公司的派息政策多种多样，常见的有两种方式。第一种，基金经理根据未来一段时间预测可得的投资收益，按照一定的比例分摊给投资者，派发现金利息。这一方式每期派发的金额比较稳定，惠理大中华高收益债券基金就采用这种派息方式。从基金单页我们可以看出，每月、每单位派发的现金利息的金额基本是固定的。第二种，基金经理并非通过对于未来收益的预测进行现金利息的分发，而是通过两次派息之间，基金所赚取的实际收益按比例分配。这类基金每月的派发金额都不一样。这是判断基金按哪种方式派息的依据。

第五，权威机构评级在债券市场中尤为重要。在境外市场，常见的债权评级机构有穆迪、标普和惠誉等。这些机构不但会对发行人进行整体评级，也会对单只债券进行评级。

惠理大中华高收益债券基金参考的是标普信贷评级。标普将信贷评级从 AAA 到 D 共划分 10 个等级。同级当中又以正负号来评判相对强弱。在标普信贷评级中，我们通常以 BBB 作为分水岭：BBB 及以上归类为投资级别债券,违约风险较低;而 BBB 以下为投机级别债券或者高收益债券,违约风险偏高。有时候投机级别债券又称"垃圾债券",但这个称号经常误导投资者,让投资者以为这类债券不值得投资。事实上,在债券市场,绝大多数的投资收益都来自这些"垃圾债券"。

从惠理大中华高收益债券基金的基金单页,我们看到,投资级别债券只占其持仓的 0.5%,该基金主要持仓的都是"垃圾债券"甚至无评级债券。因为投资级别债券通常只包含国家主权债券、银行和公共事业发行的债券等,我们常见的房地产企业债券,以及一些地方政府债券,都属于投机级别债券。信贷评级的高低不是投资债券或者债券基金唯一的标准,但是评级能够帮助我们直观和快速地了解一家债券发行方整体的财务情况。

第六节
如何开设境外基金投资账户？

|文　贾泽亮

一直以来内地投资者缺少直接投资境外市场的途径，从而缺乏境外交易的经验。近些年随着国家政策和金融市场的逐步开放，以及互联网发展带来的信息爆炸，内地投资者的境外投资需求被激发，也促成越来越多的大机构和财团致力于构建和打造内地投资者投资境外的平台和工具。这一节我们将介绍内地投资者投资境外基金的两种主要方式。

一、境内开户

内地资本市场尚未完全开放，人民币也并非可以自由兑换的货币。在这种情况下，我们可以利用政府特别批准的境外投资途径，在内地以人民币直接投资境外基金市场。最常见的途径就是本书第二章所提到的 QDII

基金。

QDII 基金本质上是在中国境内注册的基金,因此交易方式与其他境内基金并无差别。我们使用任意国内基金平台,都可以直接认购正在开放中的 QDII 基金。

自 2007 年推出第一只 QDII 基金以来,目前市场上可投资的 QDII 基金有 200~300 只,基本上可以应对普通投资者初步投资境外市场的需求。一些常规或者热门的投资板块,都可以找到与之对应的 QDII 基金。例如不同的美股指数基金、中概股指数基金以及恒生指数基金,还有一些国家和地区的股票基金,例如英国、德国、印度、日本、越南等。此外,境外债券市场、房地产市场都有相应的 QDII 基金。

投资 QDII 基金最大的优势就是简单方便。我们无须额外开户,也不需要购汇,而是直接以人民币认购境外资产,赎回基金时也是以人民币的形式操作。但是 QDII 基金也有一定的局限性。一方面,QDII 基金数量有限,满足基础需求绰绰有余,但是如果需要在同板块里筛选更好的基金,QDII 基金的选择就远远不够了。很多细分的投资板块仅有一只可选基金,甚至没有可以投资的基金。另一方面,QDII 基金认购和赎回均在境内进行,也就是实质上投资者的资金并没有完成跨境。如果我们的需求是在境外配置一些资金,QDII 基金就不能满足我们的需求了。

二、境外开户

选择在境外开设投资账户是一种最直接的进行全球投资的方式。以往这并不是一个大众化的选择,因为境外开户门槛高、流程复杂,还要尝试与境外金融机构进行效率极其低下的交流，如今情况有了极大的改善。

以境外基金账户为例，与境内情况类似，我们可以通过境外银行、券商、保险公司或者基金公司来认购境外基金。而开设这样的账户，大多数情况下并不需要投资者出境。

在不同机构开户的要求和流程不同。通过银行投资基金，只需要在开设银行账户时同时要求银行开设投资账户即可。这种开户方式最简单，很多跨国银行都可以提供"见证开户"服务，也就是可以通过中国内地的分行提交资料，直接为中国内地的投资人开通跨国银行在境外分行的银行账户，通常是中国香港或者新加坡分行。很多境外传统券商也可以提供远程开户服务，但是需要当地符合资格条件的人士对需要开户的投资人进行面对面"见证"，拥有资格的通常是律师或者注册会计师。当然，无论是银行还是券商，我们都可以选择直接身赴境外网点，面对面开户。

现在随着金融科技的发展和金融法规的宽松，我们有了另外一种主流的开户方式——互联网券商在线开户。很多中国香港、美国、新西兰的互联网券商通过人脸识别、录像等方式，让投资者无论身处任何地方，都可以通过手机或电脑简单快捷地开立证券账户，来进行股票和基金等证券投资。

无论通过任何方式开户，要注意的是，基金平台间的差异远超过股票平台。申购股票以及ETF属于场内交易，也就是无论在哪家券商或银行开户，能交易的标的完全相同；而大多数开放式基金（除了ETF等场内交易基金外）的申购都属于场外交易，能交易的基金数量和种类因平台而异。所以挑选一个好的基金交易平台极为重要。

判别基金平台的好坏，除了操作系统的方便性、收费高低以及系统稳定性外，最重要的就是基金选择是否丰富。如果在银行开户，可以提前索要银行代售的所有基金列表；如果通过券商或互联网券商开户，可以提前在官网或者交易软件上查询相关基金信息。

一个选择丰富的基金平台通常会包含国际知名的大型基金公司，例如摩根士丹利、贝莱德、惠理、PIMCO 等。另外也可以定向查看是否包含热门板块的明星基金，例如摩根东协基金、惠理高息股票基金、富兰克林科技基金等。关于债券，要看看债券市场上 PIMCO、富兰克林这些老牌机构有没有出现在平台上。

除了银行和券商这类直接投资基金的方式，境外还流行一种通过投资连结保险间接投资基金的形式。这类保险实质上是一个投资基金的平台，例如香港特区政府推行的"退休金"——强基金就是一种投资连结保险。投资连结保险通常锁定期较长，但交易费用低，还可以兼具一定的保险属性。

第七节
基金定投,境外玩得转吗?

| 文　贾泽亮

基金定投是一种耳熟能详的大众投资方式,理财师也为定投取了非常多好听且易于传播的名称,例如微笑曲线等。在境外市场,定投有一个相对更专业的名称叫作平均成本法,英文 dollar cost averaging,简称 DCA。

平均成本法这个名称更直观地展示出定投的本质优势——我们通过本金分批入市,将时刻变化的买货成本平摊下来,避免在某一时间点成本过高的风险。DCA 不只可以用来投资基金,买卖股票、黄金,以及日常做生意、买卖货品,只要我们对未来价格走势不确定,都可以利用 DCA 的方式来分散买入价格过高的风险。

在境外基金的投资中,DCA 往往发挥着更重要的作用,主要有以下三个原因。

第一,在境外更容易找到适合采用 DCA 的市场或板块。DCA 并非适合所有的基金市场。如果资产价格在未来明显会上涨,例如在很明确的牛市当中,DCA 只会让买入成本越来越高,这时就不如一次性买入。DCA 更适合波动大但是中长期趋势向上的市场。而内地作为单一市场,很难时刻都满足这样的特性。面对丰富的境外市场时,我们有更大的空间去筛选最符合需求的市场基金进行定投。

第二,境外市场比内地市场更遵循市场规律。对比我们市场由政策主导,境外市场的周期性和可预见性更强,这种情况更适合 DCA。在一个经典的市场周期中,经济萧条重要的表现之一就是失业率升高,出现通货紧缩。政府此时为了刺激经济发展会增加开支、降低利率,股市最先感应到宏观政策的变化从而上涨,其次是房地产价格上涨。物价上涨,通货紧缩转变为通货膨胀,政府此时需要收紧货币政策,提高利率、收紧银根,股市和楼市依次回落,完成一个经济周期。这样的一个经济周期短则 5 年,长则 10 年甚至更久,还需要具体结合其他因素,例如政策因素等。经济周期带来资产价格的波动,为基金定投提供了土壤。因此,在相对成熟的境外市场,DCA 的益处会更加明显。

第三,对于不熟悉的市场,DCA 提供了一种机会循序渐进地机会学习和了解它。初级投资者可以通过基金定投的方式以很少的预算慢慢开始接触和了解境外市场。

最后,我们一起来讨论基金定投过程中一些常见的误区。

第一,定投不是万金油。如上文所述,并非所有市场都适合定投。有人把 DCA 叫作懒人理财法,造成很多投资者缺乏研究、为了定投而定投。例如我们有一笔本金需要投资,但不分时机,强行打散资金进入市场,反而可能浪费时间成本,特别是在通胀风险较高的时段。我们要先分析市场的价位和未来的趋势,如果明确是抄底时机,定投就不是一个最好的选择。

第二,分辨定投是不是理财销售的"套路"。有些理财经理不分青红皂白向所有客户推荐基金定投的方式。试想,定投的基金如果下跌,因为本金投入有限,客户不仅不会不快反而会被告知未来买入成本越来越低;如果基金上涨,客户自然高兴,不过收益可能会因为定投而打折。基金定投是一种不需要承担太大风险的"理财建议"。

第三,定投策略不要轻易更改。当你一旦决定要进行基金定投,就一定要严格遵守定投的纪律。基金定投的纪律非常简单,就是定期、定额进行投资,半途而废会让基金定投前功尽弃。DCA 的目的之一是帮助我们培养良好的投资习惯,规避心态因素对于投资的影响。在市场不景气时,不要急于暂停定投,而应该审视既定的投资观点是否发生根本性改变,如果大方向不变,就不应该轻易改变或者停止基金定投。

第八节
搭建适合自己的境外基金组合

| 文　贾泽亮

　　搭建境外基金组合，实质上就是完成资产配置。在同一时间，不同资产的收益率并非完全相关。因此所谓资产配置，是根据每个投资者的目标、风险承受力和投资期限，通过合理安排投资组合中不同资产的比例，旨在实现风险和收益平衡的一种投资策略。我们学习境外基金知识，最终目的就是帮助我们完成资产配置，搭建一个实质有效的基金投资组合。

　　在境外基金中，我们主要关注的资产有三大类：股票、债券和现金。房地产证券也是境外基金中的一类，但不如股票、债券和现金普遍，因此我们这里讨论的资产配置主要集中在股票、债券和现金这三类资产上。配置资产，就是确定这三种资产类型在投资组合中所占的比例。

　　这三类资产各有不同的风险水平和收益水平，因此，在全球经济和市场条件下,随着时间的变化,每一种资产类型都有不同的表现。在前面的章节我们提到,不同年份里不同资产的表现都不尽相同,因此不存在一成不变的投资组合,也没有一个适合所有投资者的资产配置计划。

虽然资产配置不能简单地复制粘贴,但是却有统一的方法论供我们学习。最常见的两种资产配置方法,分别是战略性资产配置和战术性资产配置。

战略性资产配置指基于一些众所周知的基础投资原则搭建投资组合。战略性资产配置是一种长期的投资策略。例如,我们基于各项资产的预期收益率,按照一定比例对其进行搭配,这就是最常见的战略性资产配置。假设全球股票的历史平均收益率为年化11%,债券的历史平均年化收益率为6%,那么50%股票和50%债券的资产配置所带来的预期年化收益就是8.5%。这就是一种战略性资产配置下的投资组合。

战术性资产配置也可以说是一种动态的战略性资产配置,它是基于一些短期和中期的市场预测,去主动调整投资组合的资产配置方式。战术性资产配置的目标是把握不同类型资产相对价格变动的机会。举个例子,如果我们判断目前全球股市刚刚走出熊市,而我们过去的战略性资产配置方案为60%股票、30%债券和10%现金,战术性资产配置方案就将指引我们调整长期战略性资产配置方案,将组合改为80%的股票、15%的债券,再加5%的现金,以期待股票市场为我们带来更高的收益。这就是利用不同资产价格变动的不一致性或者短期价值的不平衡性,来使投资组合的收益最大化。

两种资产配置方式并非独立和对立的,而是相辅相成的。长期的战略性资产配置对于多样化的投资组合收益,具有非常重要的决定性意义。但

第 6 章 | 参与境外资本市场的投资

是如果设计得当,短期的战术性资产配置能够帮助克服战略性资产配置中的一些风险,提升我们投资组合的价值。

当然,短期战术性资产配置也有机会让投资组合的风险从一个水平上升到另一个水平。比如上文中的例子,我们将战略性资产配置中的股票资产占比提高,会提高组合的整体风险水平。又如,不改变不同资产配比,只改变同一类型资产,也可以改变我们的风险收益比例。我们仍然保持60%股票、30%债券和10%现金,但在股票板块,我们提高新兴市场股票的比例,或者改变债券板块中债券风险程度,都会战术性改变组合的整体风险水平。

通常,一个战略性资产配置的投资周期可以持续10年甚至更久时间,而战术性资产配置通常只有几周到几个月的时间。简而言之,就是投资组合大方向保持不变,但可以根据情况临时灵活调整。

具体到设计境外基金组合,首先我们可以确定股票、债券和现金资产类别的比例,这是基于我们的投资目标、风险承受力和投资周期的战略性决策,然后我们再基于对全球市场的思考,分析每一类资产如何具体布局。

例如,在股票板块的布局中,我们可以参考MSCI全球所有国家指数的地区分布。该指数包含了50个全球主要的发达市场和新兴市场,涵盖全球85%可投资股票市场,地区分布的比例综合考虑了市值、增长动力和收益率等因素。在境外投资中,我们可以以此为基准布局我们的基金组合。如果我们是风险中性者,即没有明确风险偏好、只注重预期收益的投资人,那么我们可以大致按照这个比例进行划分,或者直接投资追逐指数的ETF或者主动型基金。这样的策略代表我们是境外股票市场投资的风险中性者。

如果我们的投资观点并非中性,例如我们如果认为亚洲是牛市,而美国是熊市，则股票基金比例上可以多投入亚洲而少投入美国。这些决定都来自我们对市场细致的分析。

最后，我希望向大家重申资产配置的重要性。大多时候，决定我们最终收益的并非是否选中某一只基金或者股票。经过长期的实践和研究，我们发现资产类型的配置才是投资收益和风险的决定性因素。

第7章

基金投资中
需要特别注意的问题

基金投资，说简单不简单，说难也不难。掌握基金投资的精要，无非是了解你投资的基金和基金经理，评估好风险与波动，建立合理的回报预期，避开那些容易犯的低级错误，不选择时机或用最简单的择时方式，选择好的基金构建组合，然后配合长期投资的耐心，如果能做到这些，那么你已经足以在投资这件事情上轻松超过绝大部分投资人。

第一节
了解你所持有的基金和基金经理

| 文　杨天南

经过过去 30 年的磨炼,基金投资市场人士越来越多地认识到自己直接买卖个股、研究个股很可能是一件不合算的事情。因为你对一个公司进行大量的信息收集、调研、分析、琢磨,最后很可能依然得不到很好的结果。与其这样,不如交给专业的人士干。这也是我周围越来越多的人开始改变他们的行为方式,与其去买个股,不如干脆买基金的原因。

需要注意的是,如果你不了解自己申购的基金的风格,通常也很难坚持。因此,在投资基金之前,了解你所持有的基金和基金经理,有助于你将来坚持自己的规划、理念、认知、信念,这种坚持可以比较高概率地促进你坚持到市场胜利的那一天。这一点是非常重要的,因为我们所有的事情都不可能一帆风顺:遇到牛市,上升当然好;通常情况下,遇到不顺利的情况、遇到熊市、遇到反复的折磨和打击的时候,了解、信任达成的这种内心深度的认知,也非常有利于让你坚持度过这种艰难的岁月。

　　大众通常认为投资赚钱的秘诀很简单,所有投资的终极秘诀就是低买高卖,但是在现实中如何运用,则是件非常难的事情。无论个股的低买高卖,还是基金的低买高卖,最终通常都会演变成高买低卖,适得其反。原因很简单:一方面,你无法用大众的方法战胜大众;另一方面,市场很复杂。例如中国股市现在有1.8亿参与者,也就是有1.8亿人带着各自的想法参与到这个市场中来,形成不同的力量,人心复杂导致了市场的复杂。换句话说,市场复杂就是人性复杂、社会复杂的一面镜子。所以即使我们知道投资的秘诀是低买高卖,基金也是低买高卖可以赚钱,但是在真实的市场中我们往往发现,等它跌下来它不跌,高的时候你不想卖。这些都很正常,只要你在市场中待得足够久,你会遇到各种各样精彩的故事,自己也会亲身经历各种各样奇葩的事件,这背后的原因就是人心复杂。

　　所以你买一只基金的时候既要看基金的风格,也要看背后的团队和基金经理。当基金投资不如意、不顺利的时候,你不但要问自己是否还会坚持投资,你还要看基金经理以及其背后的基金团队是否还能坚持初心。虽然大多数或者绝大多数基金经理经过专业训练,但是终究而言,基金经理也是普通人,也会受到情绪的困扰、市场的压力,甚至是骚扰电话、威胁和恫吓,在这种外部压力面前,他们自己的行为方式可能会变形。所以在压力之下不变形,在压力之下不变心,本身就是一件非常不简单的事情。有一个寓言故事叫《临渊而射》。这个故事是说一个人平时射箭很准,百步穿杨,百发百中。朋友来了以后,看他在炫耀自己的射箭技巧,于是说你站在悬崖边上,看着脚下万丈深渊,山风从你身边呼啸而过,这个时候你还能不能射得准?一不小心就会失足掉下悬崖,摔得粉身碎骨,这个时候不要说还能不能射得准,站着两腿能不能不发抖,都是个问题。站在一个基金经理的角度,当你有巨大的责任在肩上,管理大量的资金,当你知道一天的涨跌是很多人一辈子积攒的财富,这个时候你越想越怕,背上冒凉汗,手里会发抖。

所以要去考察你所持有的基金的风格是不是会随着市场风格的变动而乱变,例如基金经理今天追P2P,明天追高科技,后天追白酒,如果这只基金的风格频繁切换,那作为投资者的你恐怕要小心一点。

因此,需要找到和不断定期跟踪情绪稳定的基金经理、基金团队。基金经理、基金团队始终坚守自己当初的投资理念,本身就是件很不容易的事情,如果遇到,值得大家去追随。

但是坚守理念和随机而变、见机行事,本身是不矛盾的。例如股神巴菲特后来的投资风格和他早期的投资风格是不太一样的。巴菲特早期投资风格受到格雷厄姆的影响,以捡便宜货为主,也就是以便宜的价格买比较一般的企业;后来的投资风格变成买伟大的企业,也就是买伟大的企业哪怕价格相较一般的企业高一点。也可以说,巴菲特有一个很重要的成功秘诀,叫作与时俱进。

我最早管自己家的钱,后来做了私募基金,管别人的钱,包括许多亲朋好友的钱。我觉得把别人的钱当作自己家的钱一样管,这件事情还是挺重要的。比如说我的投资风格是以持仓和重仓为主,原因在于购买力会受到通胀的侵蚀,长期持有现金是跑不赢通胀的。

持仓为主,下跌了怎么办?实际上,市场不是碰到上涨就是下跌。无论是哪种情况,我们都无法预计短期内的股市走势。因此,无论市场是牛还是熊,我们始终都在寻找市场中那些性价比较高的对象。注意,这里说的是"较高",而不是性价比"最高"。这是因为一方面,每个人心目中对最高的定义恐怕都不太一样。另一方面,也是更重要的,作为普通人,我们很难做到在每次最低的时候买、在最高的时候卖。所以我们只能说无论在市场好、市场坏的时候,我们都尽力地去寻找性价比较高的投资对象。至于你以为买了性价比较高的产品,后来发现没有得到比较好的回报,那是另外一个层面的情况,属于判断错误。也就是说,你买了你自己认为股票价格比较低的企业,结果企业运营几年之后,基本面恶化,股票价格变得更低了。反过来的情况也有。生活就像阿甘说的,是颗巧克力,会给你好的惊喜,也可能会给你坏的惊吓,你不打开亲自尝一尝,永远不会知道下一颗是什么味道。

  因此,我们在投资过程中,要不断寻找适合自己风格、品性、脾气乃至生活方式的基金去投资并持有。投资人和管理人之间关系流畅舒适,有利于获得较为满意的回报。

第二节
如何正确评估风险和波动的关系？

| 文　杨天南

基于历史的研究，现代投资理论通常将波动视作风险。换句话说，一只股票或者一只债券延伸的一只基金，波动越大，风险就越大。波动的情况被命名为贝塔，贝塔源于一个著名的公式，这个公式叫 CAPM 模型，中文翻译作资本资产定价模型。资本资产定价模型用贝塔来衡量一个系统的波动情况。它被用来衡量个别的股票，也就是单只股票对于整个股市的相应的波动情况，贝塔越高，就意味着被选中的这只股票相对于大盘波动率越大。波动越大，当然被认为风险越大了。

贝塔大于1，也就是股票的波动性大于大盘。贝塔如果是负的，也就意味着这只股票的走势可能与大盘相反。比如说贝塔是－1，也就意味着大盘如果涨 100％，这只股票可能跌 100％，大盘跌 100％，这只股票可能涨 100％。现代投资理论通常认为波动越大，风险就越大。普通大众在自己的生活投资中也有这样的感觉，"我听说买了只股票跌了，风险太大；我买了只基金跌了,风险太大了",实际上这只是大家心里的感觉。伟大的投资家、杰出的投资者通常不这么认为,比如我们都知道投资界的沃伦·巴菲特,他就不这么看。他觉得跌幅越大、风险越大的这种观点,实际上是非常荒唐可笑的。

理论上说,比如原来10元一股的股票,你愿意买,现在跌到8元了,按理说更便宜了。就像我们买大白菜一样,大白菜原来1毛一斤的时候,你愿意买,现在跌到5分钱,你应该更高兴才对。巴菲特在论证现代投资理论可笑的时候,经常会举一些案例,用来说明他自己的观点是对的。

比如在巴菲特投资历史上,有一个非常成功的投资案例,叫《华盛顿邮报》。这个案例很多朋友应该都听说过,这个案例从历史上看,给他带来了超过100倍的回报,大家都觉得巴菲特好厉害,他有机会买到这样好的公司、好的股票,能赚这么多钱,都很羡慕。

但实际上穿越时空回去看,情况并不那么简单。20世纪70年代,《华盛顿邮报》上市不久,碰到水门事件,尼克松为了竞选总统干了一些勾当,被《华盛顿邮报》记者揭露出来。揭露出来以后,《华盛顿邮报》遭到行政当局的打击、威胁、恐吓,甚至有可能会丧失牌照。这对《华盛顿邮报》来讲,是非常致命的打击。因为巴菲特从小就爱赚钱,赚钱的其中一种途径就是当报童投送报纸。他小时候投送的报纸,其中有一份报纸就是《华盛顿邮报》,所以他对它有特殊的感情。当时巴菲特认为《华盛顿邮报》的估值是4亿美元,那么它跌到大概1亿多美元的时候,他就开始出手买了。但实际上巴菲特在买的过程中,由于受到各种噩耗的打击,《华盛顿邮报》股票还在跌,最低的时候估值曾经跌破8000万美元。按照现代投资理论的说法,从4亿美元跌至8000万美元,它反而更贵了,因为波动更大了,风险更大了。但是巴菲特

第 7 章 | 基金投资中需要特别注意的问题

不是这么想的,他认为4亿美元的东西跌到2亿美元,跌到1亿美元,就是物有所值了,如果能跌到8000万美元,那就是物超所值。所以巴菲特就愈挫愈奋,《华盛顿邮报》股价越下跌他越勇敢去买入。后来风暴就平息了,事件以《华盛顿邮报》的完全胜出作为结尾。《华盛顿邮报》经过水门事件,从一家地方性的报纸一跃变成美国全国性的大报,一直到今天屹立不倒。

事情虽然过去了,但是巴菲特趁着便宜的时候买的股票,一时半会儿可没涨起来。大家不要以为伟大的投资家,像巴菲特这样的,一买股票就赚钱,不是这样的。实际上他买了股票之后,等了整整三年多价值才回到原位,也就是他一直等了三年多才不至于亏钱,剩下大赚百倍是之后的事情。巴菲特在接下来二三十年中,光《华盛顿邮报》的派息就已经拿回了当年的本金,不但拿回当年本金,还赚了上百倍。所以巴菲特这个例子告诉我们,正常情况下波动不等于风险。

当我们加强学习的时候,会看到证券投资史上一个著名的人物叫本杰明·格雷厄姆,这个人是巴菲特的老师。在他的著作中,其中很著名的一篇提到过一个人物,叫"市场先生"。这个市场先生实际上并不是一个人,而是格雷厄姆用来举例说明大家怎么控制情绪的童话故事的主人公。

市场先生每天每时每刻都给你来一个报价,一会儿出10元,一会儿出8元,一会儿出12元。市场先生很热心,不管你理不理他,他每天都来给你出一个报价,这就是股价的涨跌。市场先生虽然热心,但是情绪不太稳定,一会很兴奋、很亢奋,给你报个比较高的价钱,一会情绪比较沮丧、比较绝望,对未来失去了信心,就给你报个比较低的价钱。

无论是报高还是报低,这个价钱他出了以后,你都可以以他的报价买入他手里的股票,或者将你手里的股票卖给他,这就是格雷厄姆创造的市场先生。

格雷厄姆的结论是,作为投资者要保持理性,不要被市场先生牵着鼻子走,而是利用他给你的报价,高的时候就卖给他,低的时候就买进来,这样的话你就可能不断取得回报,而且大概率可以取得超额回报。

总之,根据上面所述,波动不等同于风险,很多人不了解或不理解这个情况,就产生了很多很有意思的现象。我曾经写过一篇文章,题目叫《如何在一只不赚钱的基金中赚钱》,文中提到两种现象:有的人在一只赚钱的基金中不赚钱,但是有的人在一只不赚钱的基金中赚钱。这很有意思。想想很矛盾,一只基金赚钱,它的投资人怎么会不赚钱呢?大家自己想一想,自己和自己身边的人有没有遇到过这种情况:一只基金赚钱,实际上每次基金创新高的时候,也就是高价的时候,你跑去买它,那可能反而不赚钱;反过来也一样,一只基金可能暂时没有赚钱,但它从1元跌到9毛、跌到5毛、跌到3毛,你用3毛买了,它又涨到了9毛,实际上涨了200%,虽然基金本身还没有恢复到1元以上,但是这只基金的投资人反而赚钱了。这些都是在现实中发生过的事情。

这个时候我们就知道,风险和波动并不完全是一回事,波动不是风险,自己不明白、不清楚才是最大的风险。也就是我们俗话说的,不知道自己能吃几碗干饭。这才是最大的风险。所以老子的《道德经》说"自知者明",就是自己知道自己是什么样的人,遇到什么样的情况,这才是比较聪明的做法。

与此相对应,最好的风险控制措施是什么呢?根据我的经验,最好的风控方法是合适的人加合适的钱。

首先,要有合适的人。也就是在投资过程中,尤其是你跟别人搭伙做生意——买基金就相当于和别人搭伙做生意,作为出资人,你要挑选合适的基金管理人,他的品德如何、性格如何、有什么才能、有什么偏好、有什么特长、他的过往怎么样、他的言行是否一致、他的表里是否如一，这些就是框定一个合适的人的范围的规则。反过来，一个基金管理人、资产管理者也要挑合适的出资人。这个出资人是理解你还是敷衍你？他今天对你信誓旦旦，那么艰难困苦的时候会不会与你反目成仇？他今天说理解你是不是能做到表里如一，还是他只是口头上说理解和认同你的理念，但是实际上压根就不知道你干过什么事情？一个出资人如果不了解一个资产管理人，就去说我非常欣赏你、我非常喜欢你，这样的话也要小心，这并不能表示他是合适的合作伙伴。

合适的人彼此喜欢、彼此欣赏，能够共同进步。这样的人合伙在一起做生意，才有可能成功，否则的话会互相影响，出资人会影响资产管理者，反过来资产管理者也会对投资人造成不好的影响。

其次，还要有合适的钱，合适的钱也就是说合适的资金。什么叫合适的资金？第一，投资基金的钱不要用短期的资金，比如三五天、三五个月。我至今没有见过可以预测短期股市走势的人。所以你猜对一次短期走势，不代表始终能猜对，就不要用短期的资金来买基金，否则自己很被动。第二，不要借钱，无论是借银行的，还是借亲朋好友的。总之借钱投资有心理负担，财务上也有负担，如果投资失败，那么人生可能会受到比较重大的打击，这一定要小心。所以借来的钱就不属于合适的钱。第三，就是有明确用途的钱不适合用来买基金，比如这个钱不是借的也不是短期的，但是这钱可能5个月以后要买房子，6个月以后要送孩子出国上学，3个月以后要给父母看病，这些钱属于有明确用途的钱，也不太合适用来做买基金的钱。

准确理解波动和风险的关系，增强对自己和合作伙伴的了解，做好自己的规划，这样的话在长期的投资中才有可能获得赢利乃至超期回报。

第三节
如何建立合理的投资预期回报？

| 文　杨天南

在长久的投资过程中，如何建立合理的投资预期实际上是一个非常重要的问题，只不过由于绝大多数参与投资的人的心态是玩一玩，所以很少有人考虑这方面的事情。

大概在 25 年前，我在股市投资中已经小有名气，很多同事经常跑来问我关于股市的问题，最后就是让我给代码，推荐股票。

有一天晚上要下班的时候，我们公司一个很重要的领导过来找我，很认真、很严肃地说："你能不能给我推荐一下投资哪只股票？我听同事们说你很厉害，我想听听你的意见。"看他这么认真，我就非常认真地问他，说："你希望多长时间，就是投资的期限是多久？希望回报是多少，就是对回报的预期是多少？"他很认真地想了想，沉默了一下，说："赚得越多越好，越快越好。"我听了这个答案之后，回复说："这样的投资预期估计能够实现的概率不大。"

随着这 10 年、20 年来,我们投资的经验、听到的故事,包括亲身经历越来越多,我越来越明确,对于投资回报要有合理的预期,你才不会失望。我们身边经常有很多的朋友,动不动听说谁赚了 50%,谁今年翻了一番,谁赚了 500%,谁很有名 10 年赚了 500 倍,这当然很好了,恭喜他们。但是从历史上看,我们经常发现,很多故事只是传说,传来传去,有可能就不是真的。也不一定是别人有意骗你,有很多可能性,第一种可能是他要骗你,第二种可能是他自己也被骗了。所以流言传来传去,不可以当真。

我曾经写过一篇文章,这篇文章的题目叫《世界顶尖投资家的投资回报天花板》,大家有兴趣可以去查阅一下。在这篇文章中,我举了很多在投资界耳熟能详的例子,里面提到的每一个人都是了不起的投资家,而且投资的经历和期限都很长,这些伟大的投资家的著作、讲话、案例,今天都为我们大家所津津乐道,为我们所传颂。那么他们自己到底经历了哪些呢?他们自己真实的投资情况到底如何呢?实际上我们很少有人真正关心这些事情。

格雷厄姆是巴菲特的老师,是价值投资的创始人和鼻祖,实际上这么多年下来,格雷厄姆有记录以来的年化投资收益率不超过 20%,应该在 15% 左右。著名的经济学家、巴菲特都无比崇拜的凯恩斯——不但是著名的经济学家,他也是一个基金管理人——他管的基金,数十年的平均年化收益率是 9.1%。欧文·卡恩,他是巴菲特的学生,活到了 107 岁,据说一直工作到去世的前一周,还在看报表。他的公司也运作了几十年,年化收益率是 10%~11%。还有著名的红杉基金的创始人比尔·鲁安,老爷子活到 80 岁,是这些人中最年轻的一位,他也是格雷厄姆的学生,是巴菲特的同学。红杉基金几十年下来,费前的收益率是 20%,费后的实际收益率为 15%~16%。巴菲特另外一个同学,叫沃尔特·施洛斯。施洛斯老爷子活到97岁,工作到92岁。我们经常看到很多数据,说他年化收益率几十年下来是20%,实际上20%是费前收益率,费后收益率是15%多一点。出版著作不止一本,号称市盈率鼻祖的约翰·聂夫,他的年龄跟巴菲特差不多大。聂夫管理的基金几十年下来收益率有14%左右,可能是13.8%、13.9%。还有一位,这两年中国的投资人基本上都在读他的著作《原则》,商界恨不得人手一本,作者叫瑞·达利欧,他的公司也很有名,叫桥水。2020年年初,桥水因为疫情受到打击,在此之前,桥水创立20多年,年化收益率是12%。这就是世界顶尖投资家全天候投资的水平。

2020年中国市场上流行一本书,基本上也是投资界人士人手一本,叫《价值:我对投资的思考》。这本书的作者叫张磊,张磊以做股权投资为主,但是也有股票投资。在书里,张磊先生提到他的老师大卫·史文森,史文森年龄也不小了,他在美国的投资界几乎可以说与巴菲特并驾齐驱。巴菲特是个人投资者的典范,史文森作为机构投资者典范长期管理耶鲁基金,多年来取得了杰出的收益。据他最优秀的学生记载,史文森最近20年年化收益率为11.4%。

上面这些人,都是世界上伟大的投资家,我们一生学习,恐怕超过这些人的概率也不大。我们要有自知之明,搞明白自己能吃几碗干饭,对于人生来讲也是一个很大的优势。

当然了,历史上还有很多著名的投资家,比如说彼得·林奇,林奇管理基金13年,取得了29%的年化收益率,非常棒。但是细心的人会发现,这13年可以被分为两个阶段。前7年林奇管理的基金规模比较小,随着名气的增大,基金规模迅速增大,后6年的收益率只是个位数。因此,如果你慕名去买他的基金,可能后面的回报并不会令你满意。

在我们熟知的伟大投资家里面,还有两个人比较特别。一个叫戴维斯,戴维斯拿着5万美元起家,到去世的时候做到了9亿美元,年化收益率达到23%、24%。但是戴维斯跟上述这些人都不太一样,这些人都是基金经理,戴维斯不管基金,只管自己家的钱。由于他只管自己家的钱,所以他的胆子和偏好跟基金经理是不一样的,长期保持1倍杠杆,也就是说他有100万美元的时候,他买200万美元的货,有1000万美元的时候,买2000万美元的货,始终保持1倍的杠杆。如果去掉杠杆,直接除以2的话,戴维斯实际年化收益率为12%左右。

还有一个人就是鼎鼎大名的巴菲特先生,巴菲特几十年下来,年化收益率差不多在20%左右。但是大家不要忘了,巴菲特的投资工具也不是基金,他的投资工具叫伯克希尔·哈撒韦,是一家上市的股份有限公司。这有什么好处呢?一般的基金基本上都是不用杠杆的,当然除了特别的基金有规定之外。而巴菲特以伯克希尔·哈撒韦进行投资,它有相当一部分业务是保险业务,保险业务有个特点就叫先收后赔付。在这个过程中,保险的浮存金实际上就是一种杠杆,巴菲特非常有智慧,他在很年轻的时候就想明白了这个事情,把一家保险公司做得非常成功。将体量巨大的浮存金用于投资,可以提高投资收益率。而浮存金作为一种杠杆,还没有利息,这一点具有极大优势。所以巴菲特非常聪明,有智慧。曾经有人算过,如果把杠杆去掉的话,巴菲特年化收益率应该在13.5%左右。

综上所述,就我们所知,世界上绝大多数投资家如果能穿越周期,几十年下来能够取得13%~15%的年化收益率,都已经非常厉害了,已经属于顶尖投资者的水平了。至于说有个例,牛市来的时候赚300%、500%,第二年又全部还回去,这些其实都不算。作为普通人而言,内心真正的希望:第一当然是多赚钱,这个没问题;第二是要活得久。如果你心里经常遭受过山车般的起伏,今年赚100%,明年跌98%,来几次估计连命都没了,这恐怕不是我们希望看到的。所以投资基金还是有一个合理的回报预期比较好。

第四节
如何应对基金投资中的四大常见错误?

| 文　孙振曦

基于多年的投资经验、亲眼看到并分析各种投资者行为,我总结出来以下四个最常见的基金投资错误,它们分别是:第一,追涨杀跌;第二,基于排名选基金;第三,追逐流行主题基金;第四,忽略幸存者偏差。

接下来,我就为大家好好讲讲这四个常见错误。

一、追涨杀跌

先来讲第一个错误,追涨杀跌。当市场上涨时,广大投资者往往兴高采烈,恨不得砸锅卖铁去购买股票和基金。我记得在 2015 年的上半年,A 股涨得很快,在几个月内,从 2000 多点一路上涨到 5000 点左右。那时候,和任何一个朋友聊天,不到三句话就会提到股市,互相问对方有没有买股票?赚了多少？后来的事情，大家也都知道了。上证指数在涨到5000点后，迅速下跌，在短短几个月内一下子跌到3000点左右。在那次股灾中，吃亏的股民和基民非常多。

为什么在2007年和2015年，基金卖得这么火？我们看一下当时的股市，就能够明白其背后的原因。2007年和2015年这两个时点，恰好是股票市场上涨最快的两段时期。股市涨得越快，基民购买基金的意愿越强。而这些在高点买入的投资者，其投资回报自然也好不到哪里去，可能连续好几年都是亏的。

像我刚刚提到的追涨杀跌的投资习惯，绝对不是个例。比如募资额超过100亿元的公募基金，被称为"巨无霸"基金，一般一年最多几只到十几只，有时候整个年度一只都没有。在过去10多年中，募资额超过100亿元的公募基金，几乎都是在2007年和2015年卖出去的。要知道购买了这些基金的基民们，可能直到今天还在叫苦不迭。追涨杀跌，是投资者最容易犯的错误之一，也最容易导致基民投资者蒙受损失。

值得指出的是，2020年也开始出现一些募资额超过100亿元的巨无霸基金，主要是因为一些基民受到股市上涨的利好信息刺激，像2007年和2015年那样开始涌入市场购买新发行的基金。我并不是说这些新基金接下来的回报一定不好，但是我们要吸取以前的教训，意识到购买新发的巨无霸基金的风险，不要盲目跟风去买入自己不懂的基金。

二、基于排名选基金

接下来，我们来讲第二个错误，基于排名选基金。

绝大多数基民挑选基金的方法非常简单，那就是根据基金在过去一段时间，比如过去一年的表现，挑选业绩最好的购入。比如我们看一些基金销售网站的首页，往往是这么设计的。在页面的上方，各种基金根据其不同类型，被归入股票型、债券型、混合型、指数型等不同的类别。在每一个子类别下，不同的基金基于其过去1个月、3个月、6个月、1年、2年、3年的历史业绩进行排序。回报最好的基金，被排在最上面，依此类推。各大财经媒体，对于基金排名也乐此不疲。举例来说，在东方财富网公布的榜单上，有权益类基金经理50强、债券型基金经理赚钱30强、3年期基金经理40强等各种排名。因此，对于大多数基民投资者而言，他们最终购买的基金，一定是排名最靠前，或者登上年末榜单的那几只基金。排名前10的基金，一般会获得大多数的申购资金。

这种挑选基金的方法，基于一个重要的逻辑假设，那就是过去表现好的，未来的表现也会好。这种规律，在我们的日常生活中很常见。举例来说，过去考试成绩出色的学生，在未来继续做学霸的概率也会比较高。过去跑步比较快的运动员，在未来也可能继续创造出好成绩。

但是"过去好，未来也会好"的规律，在挑选基金上恰恰不适用。这背后主要有两个原因：螺旋效应和均值回归。

我们先来说说螺旋效应。假设一只基金在过去6个月到2年的业绩特别好，那么该基金的排名就会比较高，并因此吸引了大量基民的注意，很多基民会决定申购该基金。该基金获得大量的申购资金后，会把这些钱用来购买基金本来就持仓的股票，这样，这些股票的股价被进一步推升，基金的表现也会更好。因此在前期买入基金的基民，会感到很高兴，因为他们看到自己的基金赚钱了。这样的过程不断重复，有越来越多的资金进入该基金，被用来买那几只最重的重仓股,这些股票的价格,慢慢偏离基本面。终有一天,被推到虚高位置的股价开始下落,回到其基本面。这个时候,基金经理开始卖出这些股票,而基金的表现也会开始变差。当基民们看到基金表现不好时,会倾向卖出基金,并用这些资金去追逐其他排名更高的基金。当基金收到赎回申请时,基金经理必须把相同比例的股票出售以应对赎回。这个出售过程,进一步打压了股价,并导致基金净值进一步下降。在这个恶性循环的过程中,有越来越多的基民抛售基金,导致基金的净值越来越低,引发更多的抛售。这样一个赢利和亏损都会被加速放大的过程,就叫作螺旋效应,它使基金净值波动更大,并导致那些在错误时点买入基金的投资者有更大的可能性亏损。

再来为大家解释一下均值回归。一般来说,基金经理表现出来的投资水平,会围绕其真实的投资水平上下波动,有时候表现得比真实水平好,有时候表现得比真实水平差。就好比我们出门遛狗,小狗有时候跑在主人前面,有时候跑在主人后面,但始终会围绕着主人跑,不会离开太远。现在我们假设,在某个时点,基金经理的投资业绩非常好,那么基于均值回归的规律,在接下来的时间里,这位基金经理更大的可能是回归其真实的投资水平,也就是说,他管理的基金的业绩,更大的可能性是往下走。在这种情况下,购买了排名靠前的基金的基民,很可能会失望而归。相同逻辑,如果一位基金经理的表现比较差劲,大家都觉得他管理的基金业绩很糟糕。但是如果他的真实水平很高,那么更可能发生的情况,是那位表现差劲的基金经理也发生均值回归,业绩在接下来的时间里回升。但是从基民角度来说,很少有人会去主动购买表现差的基金,因为这有违人的本性。

基于排名选基金,本身就是一个追涨杀跌的投资操作。这是因为排名靠前的基金,一般都是在过去 1 到 3 年业绩最好的基金。而投资者如果去购买那些基金,就是在追涨。而如果你卖出手中表现不好的基金,其实就是在杀跌。追涨杀跌,容易导致我们买入价格贵的基金,卖出价格便宜的基金。而由于受到螺旋效应和均值回归的影响,顺着排名买基金的基民往往回报不佳。

现实中的情况恰恰如此。比如统计显示,2004 年 A 股偏股混合基金回报十大状元中,包括泰达宏利成长混合、嘉实增长混合、易方达平稳增长混合等基金。然而我们可以看到,在 3 年后的 2007 年,这些基金绝大多数都位列同类基金排名的中下位置。而再过 3 年到了 2010 年,这 10 只基金中的大部分都位于排名最末的 20% 左右。具体请参照表 7-1。

表 7-1　2004 年 A 股偏股混合基金回报十大状元业绩表现

基金	年份						
	2004 年	2005 年	2006 年	2007 年	2008 年	2009 年	2010 年
泰达宏利成长混合	1/56	10/107	103/170	128/269	100/332	230/444	12/591
嘉实增长混合	2/56	21/107	68/170	133/269	112/332	192/444	4/591
易方达平稳增长混合	3/56	40/107	102/170	170/269	105/332	298/444	459/591
华宝宝康消费品	4/56	17/107	87/170	160/269	121/332	54/444	421/591
景顺长城优选混合	5/56	53/107	32/170	168/269	229/332	224/444	431/591
广发聚富混合	6/56	5/107	34/170	103/269	198/332	197/444	426/591
景顺长城动力平衡混合	7/56	76/107	53/170	165/269	137/332	274/444	522/591
易方达策略成长混合	8/56	4/107	14/170	52/269	183/332	179/444	479/591
华宝宝康灵活配置混合	9/56	29/107	62/170	153/269	145/332	190/444	519/591
海富通精选混合	10/56	24/107	56/170	161/269	162/332	214/444	149/591

《2020年中国公募基金研究报告》基于近9000只公募基金的研究统计发现，投资者在选择一只基金时往往会关注其过往的业绩，甚至盲目参照各机构所公布的排名选取基金。但是检验结果显示，基金的收益基本不具有持续性。也就是说，假设某只基金今年排名前3，到了明后年不太可能继续排名靠前，而是更可能排到后面去，就像上面提到的例子那样。因此按基金排名买基金的投资者，很可能会在高点买入，导致自己到手的基金回报不佳。

三、追逐流行主题基金

再和大家分享一下第三个常见错误：追逐流行主题基金。

几乎每一年，我们都会看到一些流行的投资主题，比如独角兽概念、一带一路概念、"互联网＋"概念、金砖四国概念等。如果这些概念受到追捧，那么很多基金公司会在那个时候发行基于这些概念的主题基金。从基金公司的角度来讲，它们有很强的动机去发行流行的主题基金。这主要是因为只要捉准了市场上最流行的概念，那么就会有很多无知的投资者，不顾一切去购买符合那个流行概念的主题基金。

研究显示，基金公司发行的基金，越是流行，那么能够获得的申购资金量越大。这也是为什么很多基金公司和券商，每年都会不遗余力地推销各种投资概念和主题的原因所在。发行这样的主题基金，原因并非是基金公司可以为投资者带来好的回报，而是因为概念新颖，容易圈到更多的钱。因此广大投资者对于这种基金，要敬而远之。

四、忽略幸存者偏差

最后,我和大家讲一下第四个常见错误:忽略幸存者偏差。幸存者偏差的意思是到最后我们统计的对象往往是那些幸存者,因此夸大了投资成功的概率,给人以投资很容易获得高回报的幻觉。我给大家举个例子。在那些私募股权基金的宣传材料中,基金经理们最爱分享的就是那些"成功故事"。例如我们基金在某一年投了滴滴出行或者今日头条,从这个案例中赚到了多少倍回报。但是,为了投到一个可能成为滴滴出行的独角兽,一位私募股权基金经理可能投了几百个项目而一无所获,空手而归。作为一个理性的投资者,我们更关心的是这些投资的总体业绩和成功比例。如果只关注那些成功的幸存者案例,那就会过分夸大基金经理的投资业绩和能力。事实上,如果投了几百个项目才投到一个成功上市的案例,这究竟是因为基金经理能力强还是运气好,是一个很难讲得清楚的问题。我们应该以科学严谨的态度看待"幸存者偏差"这个问题,尽量不让这样的统计花招迷惑了自己的双眼,不让自己成为这些销售技巧忽悠的对象。

上面讲的是常见错误。那么对于我们广大个人投资者来说,应该如何纠正这些错误呢?在这里,我为大家总结一下投资基金最重要的原则。

第一,注重基金费用。这一点也是我在前面反复强调过的,基金的费用是能够预测基金未来表现的最重要指标,广大投资者应该货比三家,挑选最便宜的基金购买。在申购费、赎回费、管理费、托管费等各个环节,能省则省,只挑选那些收费最低的基金购买。

第二,放弃短期择时。大量的研究显示,市场无法预测。绝大部分投资者根本没有择时能力,而择时错误的话,会给我们的投资带来极大伤害。因此更加理性的方法是放弃短期择时,用资产配置的思路来构建基金组合,并用再平衡的方法来应对市场价格的涨跌波动。

  第三,坚持长期。巴菲特的老师格雷厄姆曾经说过,股市在短期内是投票器,在长期则是称重器。这句话的意思是:股价短期内会根据投票者情绪波动而变化,股价每秒钟的变化都是股民以持有市值作为权重进行投票的结果;但经过一个较长的时期,股权价值会被称出来,该多少就是多少,不依赖于投票者的情绪。我们应该忽略股市在短期内波动产生的噪声,坚持做一名耐心的投资者。

第五节
在基金投资中,如何解决择时难题?

| 文　伍治坚

择时,是每个人在投资活动中都会遇到的难题。比方说,临近年终,公司给你发了一笔年终奖。拿着这笔奖金,你给自己买了个 iPhone,给女朋友买了个包包,还多出几万元。那么问题来了,你要不要把这笔钱投入基金中?如果投的话,买什么基金?买多少?再比方说,你看中一辆心仪的汽车已经好几年了,总算下定决心出手去买那辆车。算来算去,还缺 5 万元。需要从自己投资的基金中卖掉一些凑这笔现金。那么问题又来了:什么时候卖?卖哪些基金?各卖多少?还有一种更加普遍的情况,涉及你购买的基金的市值变化。比如 2020 年年初的时候,新冠肺炎疫情导致中国的 A 股市场大跌 12%左右,所有投资 A 股的股票基金也都跟着一起下跌。那么这个时候,你作为投资者就需要做一个决定:我是应该继续持有,还是及时止损?或者我是不是应该反其道而行之,逆市增仓?相信很多投资者都曾经遇到

过这种让人捉摸不定的情况。在这种时候,我们应该如何理性地做出分析和判断?

我开门见山,告诉大家最好的解决方法,那就是放弃短期择时,仅基于自己的实际需求来决定增仓和赎回的时机和金额,对于已经买好了的基金组合,则用再平衡的方式来应对股票和债券市场的价格波动。什么叫放弃短期择时,仅基于自己的实际需求来决定增减仓呢?就是说,在做增仓决定时只考虑一个问题,那就是自己是不是有多余的资金需要投资。当自己有多余的、在未来几年用不到的可投资资金时,就可以增仓买入。什么时候需要减仓卖出,也只考虑自身和家庭的情况。当自己需要用到现金时,就卖出基金套出那部分自己需要用的钱。

值得强调的是,放弃短期择时的投资策略,并不是我的独家发明。在2013年伯克希尔·哈撒韦的年度股东信中,巴菲特指出,他希望自己的家族信托基金买入90%的标普500指数基金和10%的美国债券,然后长期持有。这就是典型的不择时,不择股,近乎百分百的被动投资。

对于普通人来说,我们可能无法承受90%的股票带来的波动性,因此每个人可以根据自己的具体情况做具体调整,选择更适合自己家庭的配置比例,但是背后的逻辑是相通的。

当然,采用这个策略的前提是我们已经确定了自己的配置策略,即包括多少仓位的股票和债券等资产类别,并且选到了合适的基金。在我们确定了最佳的资产配置比例和值得长期拥有的基金之后,就可以用放弃短期择时的投资策略来应对增仓和赎回的需求。

我给自己定的是60%股票和40%债券的组合。也就是说,在增仓时,我每次都会按照相同的6∶4比例,同时增加股票基金和债券基金。而减仓时,也按照6∶4的比例,同时卖出股票基金和债券基金。这样,不管是增仓还是减仓,都可以持续保持自己的投资组合配置在6∶4左右,不影响一开始定下来的目标配置比例。

下面讲讲放弃短期择时的原因。要把这个问题讲清楚,我们先要把"择时",以及"择股"的定义讲清楚。通俗来讲,"择时"要回答的是"买不买"的问题,而"择股"则回答"买什么"的问题。

假设一位投资者手上有100元可投资资金。他做投资决策的过程,可以被分为两步。第一步,花多少钱买股票,是0元、50元,还是100元?其实不管投资者选哪一种,都是一种择时决定。在学术上,我们也把择时称为"资产配置",意思是一样的。在这里,为了简化分析,我们假设不买股票的选择就是把现金存银行。第二步,在决定了用多少钱买股票后,投资者需要决定买哪只股票。他可以选择买茅台、工行,或者某个指数ETF。这是一个"择股"的决定。所以你可以看到,我们做的任何股票买卖的决策,其实都可以被分解为两道程序,也就是择时和择股。

那么按照上述标准,价值投资算不算择时?价值投资首先是判断出一只股票的内在价值:当市场价格明显低于内在价值时,投资者选择买入;等到市场价格明显高出内在价值时,再选择卖出。基于这个定义,价值投资中有没有择时的成分呢?答案是什么取决于你的仓位管理。

第一种情况,投资者拥有100元可投资资金,并且在一开始规定,始终保持90%的高仓位。当他看到某只股票符合价值投资的标准、可以入手时,他需要先卖掉一只或者几只其他股票,创造出现金去购买自己觉得更加便宜的股票。在这个过程中,投资者的仓位始终保持在一开始设定的90%的水平。那么在这个例子中,投资者只是在择股,并没有择时。事实上,国外的绝大部分公募基金都是这么操作的。基金经理向基民展示的是他的"择股"能力,而非"择时"能力。

第二种情况,投资者拥有100元可投资资金,并且在一开始规定,他的仓位处于一个范围区间,比如60%到90%之间。当他看多股市时,可以增仓到90%左右;而当他看空时,则可以减仓到60%左右。没有买入股票的部分,还是作为现金存在银行里。那么在这个例子中,投资者每时每刻都在做两个决策:择时以决定仓位,以及择股来选择需要购买和持有的股票。中国内地的大部分混合型和股票型公募基金,都可以被归入这种情况。

在这里,顺便帮大家分析一下:定投算不算择时?我假设投资者定投某只股票基金。

第一种情况,投资者有100元可投资资金。他决定通过定投,每个月投10元,分10个月买入基金,然后从第十一个月开始满仓持有。这种定投方法,其实可以被称为"分批买入"。从仓位上来说,这种定投方法相当于在前10个月半仓操作,然后从第十一个月开始满仓。投资者可能没有意识到自己做了一个"被动择时"的决定,那就是前十一个月不看好股市,因此半仓,而从第十一个月开始看好股市,因此满仓。

第二种情况,投资者每个月只能从工资中省出10块元去定投,他决定定投2年。这种情况,相当于在2年中完全满仓操作,然后在2年后开始慢慢降低仓位。这是因为,在一开始定投的2年,他把自己所有的可投资资金都拿来买股票基金了。当然,他的可投资资金是在慢慢增加的,也就是之前说的每个月增加10元。但是只要有增加,就马上通过基金投入股市,因此可以算是每时每刻都满仓。2年后定投结束,他不再追加,同时假设他的可投资资金继续增长,因为可能那时候涨工资了,结余更多,那么事实上他的可投资资金中的股票仓位会慢慢降低。投资者可能自己没有意识到,他也在做一种择时决策,即在定投的 2 年内极度看好股市,所以满仓,并且在 2 年后不那么看好股市。

从以上分析可以看出,两种定投情况,其实都带有择时的成分。

还有第三种情况,一般被称为"定投止盈",那就是一开始定投数月,当市场上涨、定投获利时卖出套现,因此被称为"止盈"。这种操作,从头到尾都是在择时。当然,这里还没有说到万一定投了没有赢利是否止损、怎么止损等。其核心概括起来就是"没有计划,临场发挥"。

综上所述,我们可以看到,其实"择时"在主动投资中无处不在。选择通过择时的方法来提高自己的投资回报,本无可厚非,但关键在于第一要明白自己在做什么,第二是认识到择时的难度。对于绝大部分投资者来说,短期择时非常难。而如果我们做出了错误的择时判断的话,会给自己的投资带来不可弥补的损失。这也是为什么很多投资"老司机",都奉劝个人投资者放弃短期择时。

比较著名的价值投资者,一般都是反对短期择时,或者否认自己短期择时的。举例来说,格雷厄姆在《聪明的投资者》中写道:我从来不择时,价值投资者不知道市场价格什么时候会涨或者跌。格雷厄姆的另一位学生查尔斯·布兰德斯在他的著作《今日价值投资》(*Value Investing Today*)中也反复强调:价值投资者不可能知道股票价格何时开始上涨,因此价值投资者唯一能做的,就是在价格和内在价值有足够的差距时低价买入,然后等待有一天市场价格能够回归或超过内在价值。

需要指出的是,巴菲特虽然劝别人不要择时,他本人的操作却带有很大的择时成分。举例来说,2020 年 5 月初,伯克希尔·哈撒韦账上大概有 1370

亿美元的现金。从 2005 年到 2020 年,伯克希尔·哈撒韦账上的现金逐年增加,从 400 亿美元左右逐渐涨到超过 1300 亿美元。持有现金不买股票,本身就是一种择时的决定,反映了基金经理,即巴菲特对于市场总体情况的判断。但我个人认为,巴菲特作为全世界价值投资阵营的教父,已经不需要再证明自己,他可以任性择时,不代表你我也能通过短期择时来提高自己的回报。我还是建议大家在没有那么精通投资这件事的时候,选择更稳妥的投资方式。

第六节
如何衡量管理人的真实水平?

|文 杨天南

通常,大家投资无论是直接买股票,还是买债券、买基金,都希望能够每天每时每刻都赚钱。但是经过一段时间的尝试之后,大家发现每时每刻都赚钱,甚至说每天都赚钱是一种奢望,这是不可能的。因为市场每天都有涨跌,每分钟甚至每秒钟,都有不知道原因的涨跌。

经过周期性考验之后,时间久了,大家慢慢也就变得更加理性一点。当我们知道无法做到每天都赚钱、每分钟都赚钱,我们到底应该如何衡量一个人的投资水平呢?买基金等于把钱投出去,找到一个人替我们管理,如何衡量管理人的水平,就是一个比较关键的事情。是拿每分钟的涨跌衡量,还是拿每天是不是赚钱衡量?是每周衡量一次,还是每个月、每个季度、每年衡量一次?这个时候不同的标准很可能导致你得出不同的答案。

今天,随着证券市场上竞争越来越激烈,从一年关注一次变成每个月关注,变成每天关注,甚至发展到每分钟都关注,证券公司的从业人员都是每分钟盯盘、做分析、做研究。用巴菲特的话说:"我看到他们这么紧张,觉得站起来去喝杯可乐都有犯罪感。"巴菲特喜欢开玩笑,但是这句话也给我们以反思,到底应该怎么衡量基金管理人的水平?

我认为,衡量一个基金经理是否是一个成功的基金经理有两个要素。第一,经过至少一个周期之后,他能不能跑赢大势?第二,他能不能取得绝对赢利?这两条都做到的人,不但在中国,甚至在全球范围内看,都是非常了不起的。因为跑赢大势同时取得绝对赢利,这两个要素二合一是非常不容易的。

我来分别解释一下这两个要素。

第一,周期之后跑赢大势。比如给你三五年的时间,当时涨了100%,但是你只赚了50%,也就是说你可能没有跑赢大势。虽然你赚了50%也很令人高兴,但是你的基金经理管理水平实际上是有所欠缺的。所以衡量一个基金经理是否成功的第一个标准,就是周期过后业绩能不能跑赢大势。

如果基金经理的业绩跑赢大势了,是不是就算成功了?那也不一定。比如说以过去十几年的经历来看,从2007年10月中国的上证指数达到了6100点,过去了13年,到2020年10月只有3300点。也就是说,3年过后,股市就指数而言跌了将近一半。这个时候,如果一个基金经理的基金业绩只跌了30%,虽然是跑赢大势了,但是没有取得绝对赢利,我们也不能认可这名基金经理的能力。

那么用多长时间来衡量比较合适?对于这一点,大家的看法不太一样,有的人用一年,有的人用三个月,有的人可能用半年或者是两年,每个人的偏好都不太一样。我比较认同巴菲特的观点。巴菲特认为衡量的标准最好是五年,如果不能有五年的耐性,至少也要三年。也就是说,要给基金经理至少三年,最好是五年的时间,衡量他能不能做到上述两点。

那么我们得出的结论是,最好以五年为周期去衡量基金管理人,看他能否做到上面说的两点:第一,跑赢大势;第二,绝对赢利。

五年打包在一起后,你会发现有熊市,也有牛市,有好的时候也有所谓不好的时候。那么五年怎么衡量,具体怎么算?我曾经接受一个杂志邀请,写了一个专栏,这个专栏当时为了吸引读者,就做了一个投资组合。投资组合说实话就是基金,因为基金是由不同的证券来组成的。因为专栏是公开出版物,有白纸黑字的记录,我就以专栏上面记载的数据,作为案例来说明如何以每五年为周期,用周期滚动收益率来说明一个基金管理人是否是合格的、成功的。

"周期滚动收益率"中的"周期"就是五年,五年中包括了好的时候,也包括了不好的时候。那么为什么加"滚动"这两个字呢?因为滚动的方法看起来更客观。比如说我们做一件事情以 10 年为期,那么以五年为周期的滚动收益率算法中的五年并不是从第一年到第五年、从第六年到第十年,这样的五年前后衔接,但是没有覆盖,这样的话可能好和坏的时候会刚好被隔离。比如说这五年正好是个牛市,傻子都赚钱;那五年正好赶上熊市,可能水平高和水平低都在亏钱。那么怎么客观呢?就是用滚动的方法,比如说你用 10 年为期来衡量它,那么第一个五年周期是第一年到第五年,第二个五年是第二年到第六年,第三个五年是第三年到第七年,第四个五年是第四年到第八年,以此类推。这样做好处就是避免了你选定的周期正好是牛市,或正好是熊市的片面性。

以我专栏记载的 12 年(2007 年 4 月到 2019 年 3 月)数据为例,以每五年为一个周期向前滚动,可以滚动8次。我将8个五年周期的累计收益率和年化收益率整理了一下,如表7-2所示。

表7-2 专栏投资组合的累计收益率和年化收益率(2007年4月—2019年3月)

时间周期	累计收益率	年化收益率
第一个五年(2007年4月—2012年4月)	112.9%	16.3%
第二个五年(2008年4月—2013年4月)	182.3%	23.1%
第三个五年(2009年4月—2014年4月)	232.1%	27.1%
第四个五年(2010年4月—2015年4月)	293.3%	31.5%
第五个五年(2011年4月—2016年4月)	100.7%	15.0%
第六个五年(2012年4月—2017年4月)	241.2%	27.8%
第七个五年(2013年4月—2018年4月)	198.0%	24.4%
第八个五年(2014年4月—2019年3月)	242.9%	28.5%

如上表7-2所示,在这8个以五年为周期的滚动收益率表中,收益率最高的一个五年出现在第四个五年周期,累计收益率是293.3%,年化收益率是31.5%。接下来的一个五年,也就是第五个五年是最差的一个五年,累计收益率是100.7%,年化收益率是15%。

假设你的目标是五年赚1倍,五年赚1倍的意思实际上就是说在五年中年化收益率是15%,而你正好选择了这只基金,那么12年中以每五年作为一个周期滚动测算收益的话,8次中最低的五年年化收益率是15%,而最高的五年能达到31%。所以一个历时12年白纸黑字记录的投资组合,也就是基金组合,拿出任何一个五年都能满足我们对于成功基金经理的考量。

虽然过去不一定代表未来,过去的表现也不能作为未来表现的保证,但是同样一个基金经理、同样一个基金团队,大概率会保持过去的风格,这倒是真的。我们把所有的精力和时间花在分析不确定的未来上,往往成功会更加渺茫。但是过去是确定的,我们分析过去的数据以及过去基金经理的表现或者基金团队的表现,虽然不能保证未来一定能重复过去,但是过去的优等生保持相对的优等在未来是大概率事件。

对于普通人而言,假设有三类基金经理:一个过去表现不错,一个新入行,一个过去表现很差。你怎么选?换种说法,你面前站着三个学生:第一个学生过去一直很优秀,每次都考 90 分以上;第二个学生刚转校来,不知道情况;第三个学生一直表现得比较差,考试经常不及格,70 分是他的最高分。这个时候你怎么选?通常,我们会选择过去被历史证明了的、比较稳定的基金经理作为我们的投资伙伴,这就是我们的想法。

所以用周期滚动收益率去衡量一个基金经理的真实水平,可能会增加未来的胜算。有人会问:"这只基金的历史很短,经理人很年轻,刚毕业,我怎么知道他成不成?"如果碰到这样的情况,说实话也没什么更好的办法。无论他是聪明还是笨,是好还是坏,都要经过时间的检验。

第七节
基金投资中的融资使用问题

|文　杨天南

在投资中,很多人会遇到能不能借点钱,即融资去进行基金投资或买股票的问题。根据我过去二三十年的见闻,有的人用杠杆倾家荡产,有的人用杠杆盆满钵满,这两种情况都是有的。绝大多数人在这种情况下结果不太好,所以我在这里谈一谈杠杆的问题,帮助大家客观地认识这个问题。这也是我一直以来的一个心愿。

在我们的生活中,普通人、普通家庭接触到杠杆最常见的一种方式是银行按揭,也就是你买房子,借了银行的钱,这就叫按揭贷款。而在股票投资中,中国的证券公司也开始了融资融券业务,就是我们说的杠杆。

银行按揭和融资融券这两类杠杆各有特色。比如购房用的杠杆就是按揭,它的特点一般来说是期限长,10年到30年不等,而且没有追加保证金的风险。举个例子,假设你今天以500万元总价买了一套房子,付了20%的首付之后，只要每个月按照合同的规定分期付款就可以了，只要不违约、不断供，哪怕这套房子从 500 万元跌到了 300 万元，甚至跌到了 200 万元，只要你每个月还贷，银行通常不会来找你麻烦。但股票不是，如果你用了融资，这只股票下跌得很厉害，跌到了平仓线，证券公司或者经纪公司就会打电话来找你，叫你追加保证金，如果你不能立刻补仓，也就是如果不能及时追加钱，可能就会被斩仓。这种情况是经常发生的，尤其是在熊市或大跌的情况下，比如说你买了价值 500 万元的股票，你自己只付了 20%，相当于你用了 100 万元借了 400 万元，这个时候就很麻烦了，如果股票跌 20%，你的钱就归零了。所以跌到这个时候或者没跌到之前，证券公司就会来找你。如果你没有钱能追加，你就被斩仓了。斩仓之后，就算股票又涨了，也跟你没关系了，因为你在最底部的时候已经被强行平仓了。由于投资者很难预测股市短期的走势，所以通常情况下，我建议普通投资者不要用融资，也就是不要用杠杆。

股神巴菲特有很多金句和名言，其中流传最广的一句就是：不要借钱买股票，不要融资，不要用杠杆去投资。但是随着大家对巴菲特的学习研究越来越多，大家忽然有一天发现，巴菲特叫别人不要用杠杆，但实际上巴菲特自己投资是用杠杆的。这很奇怪，到底用杠杆还是不用杠杆呢？我带着好奇心继续研究下去，发现情况还是比较复杂的。

我在阅读巴菲特过去 60 年股东信的过程中，发现巴菲特在创业的时候，也就是在他写给投资人的第一封信中，就明确提到了在把握比较大、确定性比较强的情况下，会使用杠杆。所以说考虑使用杠杆有一个前提，就是一定能赚钱。巴菲特后来在另外一封信中还提到融资的比例问题，认为不要使用过高的杠杆比例，风险很大。他明确说过，在比较有把握的情况下，使用的融资杠杆也不应超过净资产的25%，也就是1∶0.25这样的杠杆比例。

巴菲特在过去的50多年中，他的投资工具由私募基金，也就是巴菲特合伙企业，变成了上市公司，即伯克希尔·哈撒韦公司。他以上市公司伯克希尔·哈撒韦作为投资的载体，这家公司涵盖了七八十家公司，包括了很多的业务，其中有一个比较重要的业务就是保险。保险业务有一个特质跟别的行业不太一样。保险公司的业务大类可以被分为人寿险和财产险，巴菲特保险公司通常都是做财产险，其中有一个最大的财险公司GEICO，做汽车保险。汽车保险就是你要开车，除了买交强险之外，还要买商业险。你把钱先给保险公司，这一年下来如果你出了事，保险公司去索赔理赔，手续办完了以后把钱赔给你；如果你不出事，那么这个钱算是保险公司的利润。所以这个钱是先收，收完了以后，赔不赔事后再说。这个钱在保险公司的账户里，就叫浮存金，拥有浮存金就是保险公司最重要的特质之一。巴菲特在把钱收进来之后赔出去之前用这笔钱进行投资。而且巴菲特非常聪明，这钱不要利息，不像我们普通人用杠杆按揭去买房，要付银行利息；用证券公司的融资，要付证券公司利息。所以巴菲特的智慧就在于他用了杠杆，而且不用付利息，这就是巴菲特这一辈子成功很重要的一个因素。

因此，实际上这几十年下来，巴菲特的投资是用了杠杆的，只不过这个杠杆是一种或有负债，就是收了你的钱，出事就赔，不出事就不赔，是或有的。作为普通人来说，实际上知道了这一点也没法学。巴菲特这么多年来名义上是20%左右的年化收益率，但是在伯克希尔·哈撒韦投资的资金组成中有相当一部分是以杠杆的形式存在的，所以有心人就算了一下，把杠杆去掉以后，巴菲特这么多年收益率很可能是13.5%左右。

巴菲特建议大家不用杠杆，还有一个原因，他是一个善良的人。他觉得绝大多数人别说用杠杆了,就是拿自己兜里的钱去投资,第一不一定能跑赢指数,第二搞不好还亏钱。当一个人不用杠杆去投资都亏钱,如果用杠杆,只会死得更快。所以巴菲特发自内心给大家建议,不用杠杆。

而我经过了二三十年的投资生涯,也是发自内心给大家这个忠告:在基金投资的过程中,最好不用杠杆。如果一定要用杠杆,也要适当考虑杠杆比例。尤其是对于那些功力不够、投资水平不行,或者发生极端情况心理上无法承受的投资者来说,最好还是不用杠杆。